Die Praxis der Strafzumessung

Systematische Darstellung der Strafzumessungsgründe anhand der höchstrichterlichen Rechtsprechung

Von

Dr. Heinrich Jagusch

Bundesrichter

Sonderausgabe
aus dem „Leipziger Kommentar zum Strafgesetzbuch“, 8. Auflage

Berlin 1956

WALTER DE GRUYTER & CO.

vormals G. J. Göschen'sche Verlagshandlung · J. Guttentag, Verlagsbuchhandlung · Georg Reimer · Karl J. Trübner · Veit & Comp.

Archiv-Nr. 22 02 56a

Satz: Walter de Gruyter & Co., Berlin W 35. Druck: Hayn's Erben, Berlin SO 36

Vorwort

Die Fragen der Strafzumessung beschäftigen Praxis und Lehre unausgesetzt. Auch den Bundesgerichtshof nehmen sie ständig in Anspruch. Ihre Bedeutung wird eher noch zunehmen. Die Arbeiten zur Strafzumessung von Mezger, Eberhard Schmidt, Sauer, Peters, Maurach und Dreher — um nur einige zu nennen —, die Rechtsprechung der Oberlandesgerichte, vor allem diejenige des Oberlandesgerichts in Köln unter maßgeblicher Mitwirkung von Wimmer, die Entscheidungen des Bundesgerichtshofes und vorher des Obersten Gerichtshofs für die Britische Zone und letzthin der Aufsatz von Bruns (Zum gegenwärtigen Stand der Strafzumessungslehre, NJW **1956**, 241) bezeugen dies. Andererseits bezeigt die Praxis teilweise noch offenkundige Zurückhaltung, ja Zweifel an der Notwendigkeit und Gangbarkeit solcher Bestrebungen. Auf einem Rechtsgebiet, wo neben einer Fülle von Rechtssätzen und Grundsätzen der Rechtsprechung auch Unwägbarkeiten und rational schwer erfaßbare Eindrücke und Erwägungen als Grundlage tiefgreifender Ermessensentscheidungen wesentlich mitwirken, ist dies verständlich und natürlich. Es schließt die theoretische Vertiefung jedoch nicht aus, sondern legt sie im Gegenaeil besonders nahe. Ein wichtiges praktisches Anliegen ist es auch, die gerade auf dem Gebiet der Strafzumessung in den Urteilsgründen täglich noch anzutreffenden nichtssagenden und mißverständlichen Redewendungen durch kriminologisch und psychologisch einwandfreie tat- und täterbezogene Zumessungserwägungen zu ersetzen, wie § 267 Abs. 3 StPO es anordnet.

Die vorliegende Arbeit, ein im wesentlichen unveränderter Abdruck aus der soeben erscheinenden 8. Auflage des „Leipziger Kommentars zum Strafgesetzbuch", will dem Tatrichter, dem Verteidiger und dem Staatsanwalt Unterstützung und Anregung bieten durch den Versuch einer systematisch geordneten Übersicht über wesentliche Strafzumessungsgründe anhand der höchstrichterlichen Rechtsprechung, vor allem derjenigen des Bundesgerichtshofes. Sie bestrebt sich auch, innere Zusammenhänge der Zumessung aufzudecken und die einzelnen Zumessungserwägungen in die gebotene Beziehung zu den anerkannten Strafzwecken zu setzen. Aus diesem Grunde ist die gedrängte Übersicht über die Strafen und anderen Unrechtsfolgen und über die Straftheorien aus dem Kommentar übernommen und hier vorangestellt worden. Wegen der Besonderheiten der Strafzumessung bei den einzelnen Vorschriften des Besonderen Teiles des StGB muß auf den Leipziger Kommentar selbst verwiesen werden.

Erweist sich dieser Versuch einer Handreichung als nützlich, so wird die Zusammenstellung erweitert werden. Für jede Anregung ist der Verfasser dankbar.

Karlsruhe, im August 1956.

Jagusch

Inhaltsübersicht

I. Strafe, sichernde Maßnahmen, andere gesetzliche Unrechtsfolgen.

Das geltende Recht kennt Strafen, sichernde und bessernde Maßnahmen und andere Unrechtsfolgen. Sie knüpfen sämtlich an eine Straftat an und werden „wegen" ihr oder aus Anlaß ihrer Begehung verhängt.

Die **Strafe** trifft den Täter als gerechter Ausgleich der durch die schuldhafte Tat verletzten Rechtsordnung, sie gibt ihm Gelegenheit, sein strafbares Tun als Unrecht einzusehen und dadurch zu sühnen. Ohne diesen unerzwingbaren seelischen Akt kann sie die Tat nicht sühnen. Eine Sühne in dem Sinne, daß die Tat nach der Strafverbüßung als ungeschehen gelte, ist überhaupt ausgeschlossen. In diesem Sinne erstrebt die Strafe Unrechtsausgleich durch angemessene Tatvergeltung nach dem Maß der Schuld des Täters für die einzelne Tat. Ihr Verhängungsgrund ist die Tat, ihr Maß — trotz § 51 II — die Täterschuld, gemessen nicht an einer abstrakt umschriebenen Deliktsart nach Art einer Straftaxe, sondern an der begangenen Tat, wie sich die Persönlichkeit des Täters in ihr bekundet. Die schuldgemäße Strafe erfüllt daher zugleich in hohem Maße spezialpräventive Zwecke, indem sie den Gelegenheitstäter abschreckt und warnt, den besserungsfähigen Zustandsverbrecher, der den Sühnevorgang in sich vollziehen will, bessert und den besserungsunfähigen Verbrecher nach dem Maß seiner Tatschuld durch Einsperrung unschädlich macht. Eine schuldüberhöhende Strafe ist ungerecht und verfehlt daher diese rationalen Strafzwecke, eine schuldunterschreitende enthält ein Element der Gnade. Der äußere Grund der Strafe, nicht ihre sittliche Rechtfertigung (dazu II), ist ihre soziale Unerläßlichkeit. Ohne sie kann die Rechtsgemeinschaft in der Wirklichkeit des Lebens nicht bestehen. Die Strafe ist also ein durch praktische Notwendigkeit erzwungenes Mittel der Rechtsbewährung. Der Staat straft nicht, weil Strafverhängung sittlich gerechtfertigt ist, sondern weil er den kriminellen Übeltäter im eigenen und im allgemeinen Interesse strafen muß. Über die Straftheorien s. II.

Maßregeln. Aus der Begrenzung der Strafe als schuldentsprechende Unrechtsfolge ergibt sich, daß sie gegenüber gefährlichen Geisteskranken (§§ 51 I, 42b), vermindert Zurechnungsfähigen (§§ 42b, 51 II), Süchtigen (§ 42c), Asozialen (§ 42d) und besserungsunfähigen Zustandsverbrechern (§ 42e) versagt, soweit deren Gefährlichkeit durch schuldangemessene Strafe nicht beseitigt wird. Hier sieht das StGB ergänzend vorbeugende Maßregeln vor (§ 42a), die nicht Strafen sind, weil sie die Gefährlichkeit des Täters, nicht dessen Schuld, zum Maßstab nehmen (Zweispurigkeit, ausgenommen die §§ 42b, 42m StGB, 5 JGG 1953) und grundsätzlich erst mit ihr enden. Über das grundsätzliche Verhältnis von Strafen und vorbeugenden Maßregeln zueinander bestehen unlösbare Zweifel (Maurach 720, Mezger 277, Welzel 180, H. Mayer 36, 379), die hier nicht zu behandeln sind.

Über weitere rechtliche Unrechtsfolgen s. IV.

II. Die Straftheorien. Die Notwendigkeit der Strafe enthält nicht schon ihre Rechtfertigung. Diese ist ein besonderes philosophisches Anliegen, das nicht im Strafrecht, sondern im jeweiligen Verhältnis des Einzelnen zur Gesamtheit und zum Staate wurzelt, also im letzten Grunde durch den Gang der Geschichte angeregt und bestimmt wird (vgl. z. B. Eb. Schmidt, Einführung §§ 217flg., Welzel 174, Mezger Lehrb. 502, Maurach 39). Man unterscheidet die absoluten Straftheorien, die relativen und die vermittelnden.

Die **absolute Rechtfertigung der Strafe** (Kant, Hegel, Stahl, Abegg, Köstlin, Hälschner, Binding) sieht vom Strafzweck ab, sie erstrebt ausschließlich gerechten Übelsausgleich durch Vergeltung und erschöpft sich hierin. Nebenwirkungen der Androhung, Verhängung und des Vollzugs der Strafe berühren deren Wesen und sittliche Rechtfertigung nicht. Die Täterpersönlichkeit ist der absoluten Theorie unwesentlich. Der Umfang des Verschuldens ist auch das Maß der Strafe, nur als gerechter, schuldangemessener Ausgleich ist sie gerechtfertigt. — Das StGB steht nicht auf diesem Boden. Die Straftat als Delikt kann tatbestandsmäßig normiert werden, nicht aber die Einzeltatschuld. Diese wurzelt in dem persönlichen Verhältnis des Täters zur Einzeltat und kann selbst noch innerhalb derselben Schuldgattung ganz verschieden schwer sein. „Tat" im Strafzumessungssinn ist die Gesamtheit dieser schuldanzeigenden Beziehungen. Dem trägt das Gesetz durch oft weitgespannte Strafrahmen und durch Strafänderungen nach Maßgabe der Tatform und Täterverantwortlichkeit Rechnung. Wertvoll bleibt die absolute Strafrechtfertigung als Grundlegung und als Strafmaßstab.

Die **relativen Theorien** gehen vom Strafzweck aus, der das Strafübel allein rechtfertige. Wo der Zweck der Strafe es fordere, habe die Vergeltung zurückzutreten. Die Tat ist der Strafanlaß, nicht ihr Grund. Entscheidend sei der Eindruck, den die Strafe hervorruft, sei es allgemein als Androhung, sei es als Vollstreckung beim Täter und bei der Allgemeinheit. Die generalpräventiven Theorien dieser Lehre wenden sich an die Gesamtheit, sie bezwecken Abschreckung durch beispielhafte Vollstreckung und deren Bekanntmachung oder auch schon durch hohe Strafandrohungen (den „psychologischen Zwang" Feuerbachs im bayerischen StGB von 1813). Die spezialpräventiven Theorien wenden sich an den Täter, sie sehen den Sinn der Strafe je nach Sachlage in der Abschreckung des Täters durch den Strafvollzug, in seiner Besserung und Anpassung und in der Unschädlichmachung des Besserungsunfähigen durch den Vollzug. Diese teils heterogenen Zwecke werden nach Lage des Falles und der Empfänglichkeit des Täters mehr oder weniger vereinigt. — Auch auf diesem Boden steht das StGB nicht. Die große Bedeutung der relativen Straflehren liegt in der Betonung der Strafwirkung, der Strafzwecke, der Strafempfänglichkeit und des sozialen Schutzes, wo Besserung und Eingliederung des Täters nicht erreicht werden kann. Sie machen deutlich, daß — selbst im Rahmen der in der Tat ausgeprägten Täterschuld — nur das kriminalpolitisch Notwendige „gerecht" ist (v. Liszt). Dem Sinnproblem der Strafe tritt in ihnen die Betonung des Strafeindrucks wirkungsvoll gegenüber (Welzel 173, 174). Jedoch erklären sie die Strafe nur mit ihrem notwendigen Zweck, geraten generalpräventiv wegen der dazu unvermeidlichen übermäßigen Strafandrohung und des exemplarischen Vollzugs in Konflikt mit der Täterschuld und können Strafe und Sicherungsmaßnahme nicht sinnvoll trennen, weil sie die durchaus unterschiedliche Eindruckswirkung der Strafe statt der Täterschuld als Maßstab verwenden. Fälle, in denen die künftige Gefährlichkeit des Täters im umgekehrten Verhältnis zur Schuld zur Tatzeit steht, können sie überhaupt nicht selbständig erklären. Ihre folgerichtige absolute Durchführung, an die ein Rechtsstaat nicht denken kann, ohne sich zu gefährden, würde zur bloßen zweckbedingten Repression, zur „Schutzstrafe" führen (Maurach 50).

Herrschend ist, wie auch die Beratungen der Großen Strafrechtskommission (Dreher, Bericht ZStW **66** 568) wieder gezeigt haben, eine Ansicht, welche beide Lehren auf der Grundlage der Schuldvergeltung vereinigt, jedoch unter Berücksichtigung der Strafwirkungen und -zwecke: Grundsätzlich soll die Strafe die aus den Tatumständen hervorgehende Täterschuld (die „Tatschuld", nicht das So-Sein des Täters) ausgleichen. Bei der Bemessung dieses Ausgleichs stehe dem Tatrichter jedoch ein Spielraum vom Schon- bis zum Noch-Schuldangemessenen zur Verfügung, innerhalb dessen er den andern Strafzwecken, vor allem den spezialpräventiven, genügen könne (Berner, Maurach, Koffka, Jescheck). Ob diese Theorie der „Grenzwerte" der gerechten Strafe, die im Wandel der Epochen allerdings zutrifft, auch im Einzelfall gerechtfertigt ist, ist zweifelhaft (Dreher ZStW **66** 571). Sie ist ein unzulängliches Mittel, um die im Grunde unlösbare **„Antinomie der Strafzwecke"** in Harmonie zu verwandeln. Einer bestimmten Tat kann objektiv stets nur eine feststehende Schuld eignen, und nicht mehrere, und aus diesem Grunde kann nur eine einzige Strafe angebracht sein, und nicht verschiedene (Eb. Schmidt SJZ **1946** 209, a. M. Dreher, Strafe 64). Das versteht sich eigentlich von selbst. Unvollkommen und daher unterschiedlich ist nur unsere Tat- und Schulderkenntnis, bei welcher sich der Richter mit menschlich erreichbarer Gewißheit begnügen muß. Die auf dieser Grundlage festgestellte „Tat" und Tatschuld ist, sobald das Gericht eine feste Überzeugung erlangt hat, eine feste Größe. Das Gericht kann sie nur noch mit der nach pflichtgemäßem Ermessen für gerecht gehaltenen zulässigen oder gebotenen Strafe und mit keiner andern ahnden. Nur diese, sofern sie dem Gesetz entspricht, ist dann schuldangemessen. Stehen Tat und Schuld in diesem Sinne fest und ist die richterliche Abwägung beendet, so besteht demnach für das Strafmaß auf der Grundlage der Schuldvergeltung kein Spielraum mehr. Ein solcher besteht nur für mehrere Taten, nicht für die einzelne. Wie ließe es sich auch sittlich rechtfertigen, eine im einzelnen feststehende Tat eines bestimmten Täters, die ein festes Schuldmaß offenbart, mit 2 oder 4 Jahren Gefängnis zu „ahnden", weil der allgemeine Strafrahmen dies für alle derartigen Normverletzungen abstrakt vorsieht. Die unlösbare Antinomie zu den andern Strafzwecken mindert sich jedoch dadurch, daß „eine streng nach dem Grundsatz der Schuldproportion ermittelte Strafe ... zugleich auch ein Maximum vorbeugender Eigenschaften enthält (Maurach 683, Bader, Nachkriegskriminalität 197). Damit ist auch den Notwendigkeiten der Rechtsbewährung und der Stärkung des allgemeinen Rechtsbewußtseins am besten gedient. Die hier vertretene Ansicht läßt sich wie folgt **zusammenfassen:** Die beherrschende Sühneaufgabe der Strafe hindert es, daß ein Täter schwerer als schuldgemäß bestraft wird. Abstriche von der Schuldstrafe können im Allgemeininteresse der Wiedereingliederung und der spezialpräventiven Beeinflussung des Täters geschehen, wenn die zur Sühne bereite Persönlichkeit des Täters und besonders unglückliche Tatumstände es rechtfertigen. Dies ist jedoch unzulässig, soweit besonders wichtige Allgemeinbelange, zu denen die bloße Allgemeinabschreckung nicht gehört, ausnahmsweise gebieterisch entgegenstehen (z. B. Häufung gefährlicher Straftaten). — Diese Ansicht führt keineswegs zur uneingeschränkten Angreifbarkeit der Strafzumessung, weil eine innerhalb des richterlichen Ermessensspielraums getroffene Zumessung unnachprüfbar ist.

Die Vorschrift des § 20a und die Sicherungsverwahrung (§ 42e) bleiben auch nach der Vereinigungstheorie dogmatisch fragwürdig (s. § 20a Anm. I 1, Maurach 55, Dreher ZStW **66** 573).

Die Rechtsprechung zum Wesen der Strafe. — In der **höchstrichterlichen Rechtsprechung** erscheint die Strafe bald als rechtliche Vergeltung (JW **28** 1748, HRR **29** 452, Jena HRR **29** 1079), bald als Sühne, BGHSt. **5** 130, RGSt. **6** 183 Pl.: „Sühne für die verletzte Rechtsordnung", **61** 417, **64** 409, **71** 64, HRR **41** 1032, OGHSt. **1** 121, 193, 307, 386, **2** 98, 145, 153, **3** 34, BGHSt. **1** 70, 239, **2** 88. Solange die hier festgehaltene Gleichstellung von Sühne und Vergeltung beachtet wird (s. I), bestehen dagegen keine Bedenken. An sich ist „Sühne" ein religiöser Begriff (Besänftigung der zürnenden Gottheit durch Opfer, insbesondere durch Opferung des Verbrechers: Expiation) und beherrschte daher die Strafe in sakralen Perioden. Nach gegenwärtiger Auffassung setzt Sühne einen sittlichen Akt des Sühnenden voraus, den die Strafe nicht erzwingen, zu dem sie ihm aber Gelegenheit bieten kann. Die Rechtsprechung des RG stimmt mit der herrschenden Ansicht überein; so bezeichnen GA **55** 308, RGSt. **58** 109, **61** 417, JW **28** 1748, HRR **29** 452 (wohl auch HRR **29** 2061 und RGSt. **64** 110) die rechtliche Vergeltung (Sühne) als in erster Linie für die Strafe maßgebend; RGSt. **61** 417 scheint ihr die Allgemeinabschreckung beizuordnen.

III. Hauptstrafen, Nebenstrafen, Nebenfolgen. Das Gesetz sieht Hauptstrafen (an der Freiheit und am Vermögen) und Nebenstrafen vor.

1. Hauptstrafen an der Freiheit sind Zuchthaus, Gefängnis, Einschließung, Strafaussetzung zur Bewährung (jeder Strafart nachgeordnet) und Haft. Die einzige **Hauptstrafe am Vermögen** ist die Geldstrafe; sie kommt zwingend oder freigestellt neben Freiheitsstrafe als gleichberechtigte Hauptstrafe vor (§§ 263, 264, 266), oder wahlweise statt Freiheitsstrafe (§§ 264a, 265a), oder bei Annahme mildernder Umstände an Stelle der an sich vorgesehenen Freiheitsstrafe (§ 246), oder als Ersatzgeldstrafe statt an sich vorgesehener Freiheitsstrafe unter den Voraussetzungen des § 27b, endlich bei Gewinnsucht neben der Freiheitsstrafe gemäß § 27a.

Manche Tatbestände sehen mehrere Hauptstrafen vor. Geschieht dies zwingend, so sind sie sämtlich zu verhängen. Andernfalls kann sich die Entscheidung, welche der mehreren Hauptstrafen zu verhängen ist, mitunter schon aus den festgestellten Umständen beantworten (z. B. die dauernde Haftunfähigkeit eines gebrechlichen Täters führt, wenn mit Hilfe der Geldstrafe die Schuld ausgeglichen werden kann, von selbst dazu, daß als Strafmittel nur Geldstrafe in Betracht kommt). Vor allem gehören hierher die Fälle, in denen der Täter mangels Vermögens oder ausreichenden Einkommens geldstrafunfähig ist, wie z. B. wenn der Gemeinschuldner sich wirtschaftlich noch nicht wieder aufgerichtet hat, wenn der Täter nur über das Existenzminimum verfügt. Hierbei steht die Beanspruchung seiner Mittel durch Angehörige, denen er unterhaltspflichtig ist, dem eigenen Bedarf gleich. Ähnlich verhält es sich, wenn Geldstrafe unangebracht ist, weil der Täter sich bereits früher der Entrichtung einer verwirkten Geldstrafe schuldhaft entzogen hat und nach der Überzeugung des Gerichts auch jetzt wieder leistungsunwillig sein wird. Für die Auswahl unter den Hauptstrafen läßt sich allgemein der Grundsatz aufstellen, daß aus Gründen der Strafökonomie im Zweifel die mildere zu verhängen ist.

a) Konkurrieren mehrere Straftaten, so entscheidet zunächst die Schwere der Straftat. Sie richtet sich nach der besonderen Schutzwürdigkeit des angegriffenen Rechtsguts. Diese Strafwürdigkeit kann schon für sich allein den Ausschlag geben. Die besondere Schwere des Rechtsbruchs kann aber auch aus der Stärke, Hartnäckigkeit und Gefährlichkeit des verbrecherischen Willens hervorgehen, mag eine gesteigerte Schuldenergie einmalig am Werke gewesen oder die Tat einer dauernden rechtsfeindlichen Haltung entsprungen sein.

Treffen Zuchthaus und Gefängnis zusammen, ist die Eigenart der Straftat ausschlaggebend; es ist zu prüfen, ob die Straftat nach ihrer besonderen Prägung entehrend ist. Diesen Charakter empfängt sie durch ihre Gesamtgestaltung, etwa durch einen verächtlichen, niedrigen oder frevelhaften Beweggrund, doch kann der Gesamtvorgang auch aus anderen Gründen (etwa wegen grausamer, arglistiger oder sonst schimpflicher Durchführung oder wegen Verächtlichkeit der bekundeten Gesinnung: Treulosigkeit, Bosheit, Gewissenlosigkeit, Heimtücke) entehrend sein. Fehlen Umstände, welche die Straftat in dieser Weise kennzeichnen, oder ist sie gar aus einem anerkennenswerten ethischen Beweggrund verübt, so ist Gefängnis am Platze.

Für das Zusammentreffen von Freiheitsstrafen (Gefängnis, Haft) mit Geldstrafe gilt dasselbe. Daher wird bei Erstbestrafungen oft die gelindere Strafe ausreichen. Meist hat die Geldstrafe als die leichtere Strafart zu gelten (RGSt. **65** 230), da die persönliche Freiheit höherrangig ist als das Vermögen, die Geldstrafe sich nicht mit Ehreinbußen verbindet (im Gegensatz zum „Gesessenhaben") und die Erwerbstätigkeit nicht beschränkt. Doch gibt es davon Ausnahmen. Eine die wirtschaftlichen Kräfte des Täters gefährdende oder vernichtende Geldstrafe kann auch härter sein als eine Freiheitsstrafe. Vor allem kann sie von dem Täter nach den Wertungen, die er seinen Rechtsgütern angedeihen läßt, besonders schmerzlich und härter als Freiheitsentzug empfunden werden.

b) Schreibt nicht schon die Art der Straftat dem Gericht eine bestimmte Wahl vor, verbleibt also nach a) noch ein Spielraum für die Abschätzung, hat es die Empfindlichkeit und Empfänglichkeit des Täters für das Strafübel zu prüfen und demgemäß die wirksamere, noch schuld- und tatangemessene Strafe zu verhängen.

2. **Nebenstrafen** können richterlich nur neben einer Hauptstrafe verhängt werden, stets nur gegen den Täter und soweit das Gesetz sie vorsieht. Als Nebenstrafen kennzeichnen sie sich dadurch, daß bei ihnen nicht ein Sicherungszweck, sondern sühnender Schuldausgleich im Vordergrunde steht, andernfalls haben sie Sicherungscharakter (RGSt. **14** 162, **46** 133). Hiernach sind Nebenstrafen der Verlust der bürgerlichen Ehrenrechte (§ 32), die befristete Amtsunfähigkeit an Stelle von Ehrenrechtsverlust (§ 35), die Einziehung nach § 40, die Verfallerklärung nach den §§ 335, 108b, die Befugnis zur Urteilsbekanntmachung (§§ 200, 104b, 165, RGSt. **73** 24, s. aber auch 3).

3. **Nebenfolgen** sind richterliche Maßnahmen, die weder als Strafen oder als Nebenstrafen noch als vorbeugende Maßregeln in Betracht kommen. Zu ihnen können gerechnet werden die Einziehung, soweit sich nicht feststellen läßt, ob sie Nebenstrafe oder vorbeugende Maßregel ist, die Buße auf Antrag des Verletzten und die Haftung für fremde Geldstrafen.

a) **Die Buße** zugunsten des Verletzten (wie sie sich in §§ 188, 231 und in zahlreichen Nebengesetzen, z. B. in § 14 GeschmacksmusterGes. v. 11. 1. 1876 mit § 18 Abs. 4 des UrheberGes. v. 11. 6. 1870, § 40 des LitUrhGes. v. 19. 6. 1901, § 35 des KunstUrhGes. v. 9. 1. 1907, § 50 des PatentGes. v. 5. 5. 1936, § 29 des WarenzeichenGes. v. 5. 5. 1936, § 17 des GebrauchsmusterGes. v. 5. 5. 1936 findet) bezweckt die Erstattung materieller Rechtsnachteile, gelegentlich auch des ideellen Schadens. Sie ist keine Strafe. Daran hat das RG ständig festgehalten, RGSt. **6** 398, **12** 283, **24** 398, **37** 400, **48** 333, **55** 188, **60** 12. Der Gedanke einer Privatstrafe oder einer Mischung von Strafe und Schadenersatz hat sich nicht durchgesetzt. Demzufolge steht der Bußanspruch zur freien Verfügung des Verletzten, der zwischen der Buße im Anhangsverfahren nach §§ 403 flg. StPO oder dem Schadenersatzanspruch im Zivilprozeß wählen kann. Die Buße wird nach den Grundsätzen des Zivilrechts beurteilt und so auch ihrer Höhe nach bemessen (RG Recht **13** 1540, SeuffBl. **13** 357; OLG Hamburg HRR **27** 20). Allerdings kann sie nicht als Rente zugesprochen werden, RGSt. **17** 178. Andrerseits vergütet sie über den Bereich des BGB hinaus auch den immateriellen Schaden, RGSt. **15** 352 für § 231. Sie schließt weitere Entschädigungsansprüche aus. Sie beträgt 3 DM bis 10000 DM (VO v. 6. 2. 1924).

b) Die **hilfsweise Haftung** für fremde Geldstrafen – ein auf preußischem Herkommen beruhendes, „eigentümliches Produkt positiver Gesetzgebung": RGSt. **3** 109 – läßt einen Vertretenen (Geschäftsherrn, Betriebsinhaber, Vollmachtgeber, Gewalthaber) für die von dem Vertreter (Verwalter, Bevollmächtigten, Bediensteten, Familien- oder Haushaltungsangehörigen) verwirkte Geldstrafe und für die Verfahrenskosten einstehen; dazu Nagler GerS **113** S. 177. Sie ist in § 361 Ziff. 9 als zulässig anerkannt und findet sich bundesrechtlich noch im Gefällstrafrecht (§§ 416flg. RAbgO, § 110a des RGes. über das Branntweinmonopol v. 8. 4. 1922 i. d. F. v. 25. 3. 1939) und im Devisenrecht nach §§ 76flg. des RGes. über die Devisenbewirtschaftung v. 12. 12. 1938 (hier auch auf die Einziehung und die Ersatzeinziehung erstreckt), landesrechtlich im Polizeirecht (§ 3 preuß. Feld- und ForstpolizeiG i. d. F. v. 29. 3. 1933, GS S. 251). Diese Einrichtung läßt sich als Rest alter Gesamt- oder Garantenhaftung nicht verallgemeinern. Die hilfsweise Haftung kann nicht durch PolizeiVO verfügt werden. Sie ist keine Verdachtsstrafe, mag auch das Streben nach Schutz gegen Schiebungen durch Strohmänner einer der Gesetzgebungsgründe gewesen sein. In der Hauptsache sollen Gegenmotive zur Verhütung von Gefällzuwiderhandlungen geweckt und Abwehrkräfte auf Seiten des Vertreters aufgerufen werden. Die Nachhaftung tritt nicht mehr als Einstehen für fremdes Unrecht auf, vielmehr nur noch als ein Aufkommenmüssen für eine rechtskräftig gegen den Vertreter verhängte Geldstrafe ohne Unterschied, ob der Vertretene eine natürliche Person, eine Gesamthand oder eine juristische Person ist. Mithin ist sie streng hilfsweise; der Umfang der Haftung richtet sich nach der verwirkten Geldstrafe. Erlischt die Geldstrafenverbindlichkeit des Vertreters nachträglich, so entfällt auch die Nachhaftung. Diese kann auch vollständig erlöschen, etwa bei Verfolgungsverjährung (RGSt. **6** 384, **63** 301), Begnadigung, Vollstreckungsverjährung, Tod des Vertretenen vor Rechtskraft.

Das **Wesen** der Nachhaftung ist strittig. Überholt sind die zivilrechtlichen Konstruktionen (dagegen schon RGSt. **1** 136). Die Strafeigenschaft, die das RG früher vertrat (RGSt. **3** 110, 8 364, **16** 110, **21** 332, **22** 421, **24** 200, wohl auch **32** 383 und **63** 298; ebenso KG DJZ **32** 535, Karlsruhe GerS **77** 193; Feisenberger, Löwe-Rosenberg, 19. Aufl. 1093), läßt sich schon deshalb nicht halten, weil es an einem Straftatbestand fehlt (RGSt. **54** 76, **67** 33, **71** 4), und weil keine Schuld des Vertretenen erfordert wird, Nagler GerS **113** 187 N. 9. Das RG sprach von einer „strafrechtlichen Folge der Tat" des eigentlich schuldigen Vertreters (RGSt. **54** 76, **67** 33, **71** 5). Diese „Folge" bedarf aber noch der Kennzeichnung. Das Gesetz eröffnet die Möglichkeit eines Zugriffs auf fremdes Vermögen zur Erbringung einer durch einen anderen verwirkten Geldstrafe. Es geht dabei um eine streng akzessorische Verbindlichkeit, daher trifft die Vorstellung einer zur selbständigen Leistung verpflichtenden Garantie nicht zu. Jedoch kann die Zugriffsmacht und damit die ganze Rechtserscheinung durch den Bürgschaftsgedanken erklärt werden. Es handelt sich sonach wegen der echten Geldstrafe, die der Vertreter verwirkt hat und die den Inhalt der Verbindlichkeit des Vertretenen ausmacht, um eine eigenartige Strafbürgschaft (Loeb, Begnadigungsrecht 1881 S. 66, seit 1885 Binding, Merkel, Ditzen, Nagler). Eine verwaltungsrechtliche Bürgschaft vertreten Rosenfeld und v. Liszt-Schmidt.

IV. Andere Unrechtsfolgen. Keine Strafen sind das Bußgeld nach dem Gesetz über Ordnungswidrigkeiten v. 25. 3. 1952 und die hier zu 2 noch weiter angegebenen Unrechtsfolgen.

1. Bußgeld. Die wachsende Einflußnahme des Staates auf Lebens- und vor allem Wirtschaftsvorgänge hat, manchmal uferlos, zuzeiten mit größerer Selbstbeschränkung, zu einer unübersehbaren Vielzahl von Verwaltungsnormen und Verwaltungsstrafvorschriften geführt, deren Verletzung sich bei aller Verschiedenheit und Abstufung im einzelnen mangels kriminellen Gehalts unter dem Begriff der **Ordnungswidrigkeit**, des nur Verwaltungswidrigen zusammenfassen läßt. Diese Rechtserscheinung ist nicht neu. Sie ist dogmatisch seit langem bearbeitet, gesetzgeberisch aber erst neuerdings in der ihrer Eigenart entsprechenden Weise bewältigt. Auch die 6. Aufl. (Nagler) hat sich an gleicher Stelle mit ihr befaßt und die echte Ordnungsstrafe als Rechtsstrafe verstanden, die sich nur nach „Maß und Modalität" von ihr abhebe (S. 138). Diese Meinung, auf deren eingehende Begründung dort verwiesen werden darf, ist durch das **Gesetz über Ordnungswidrigkeiten** v. 25. 3. 1952 (BGBl. S. 177) (OWG) überholt, sie war jedoch auch sachlich unrichtig und wurde daher schon in der Vorauflage aufgegeben.

Der Gedanke der Eigenständigkeit der Ordnungswidrigkeit hat eine lange Entwicklung und ist besonders von Frank, M. E. Mayer, James Goldschmidt, Erik Wolf und neuerdings von Eberhard Schmidt behandelt worden, die alle, mit teilweise verschiedener Begründung, für ihn eingetreten sind. Einzelheiten bei E. Wolf, Frank-Festgabe II S. 516, dort auch eingehende Literaturangaben, und bei Eb. Schmidt SJZ **48** 225 und 11. Beiheft zur DRZ. Zum OWG siehe Gerner NJW **52** 521, Stoecker MDR **52** 385, Rotberg, Kommentar zum OWG. Zugrunde liegt alledem der Gedanke der Wesensverschiedenheit, nicht des nur quantitativen Unterschieds von strafrechtlichem (kriminellem) und verwaltungsrechtlichem Unrecht, folglich der Unanwendbarkeit der Grundlagen der Kriminalstrafe im Verwaltungsstrafrecht, der bei J. Goldschmidt zum Gegensatz beider und zur Anerkennung des Begriffs des nur Verwaltungswidrigen im Gegensatz zur Rechtswidrigkeit der Straftat geführt hat. Mehr eine Zweckmäßigkeitsfrage ist es aber, wie der Staat diesem Verwaltungsunrecht entgegentreten will, mit Justizmitteln, durch ein Verwaltungsverfahren unter richterlicher Kontrolle oder durch eine wahlweise sachgemäße Verknüpfung beider. Jüngst hat sich vor allem Eb. Schmidt a. a. O. überzeugend dahin ausgesprochen, die Verwaltungszuwiderhandlung sei im Verhältnis zu den Straftaten kein Weniger, sondern wesensverschieden, danach habe sich auch Sinn und Aufgabe der staatlichen Reaktion auf sie zu richten (SJZ **48** 230). Dem ist beizutreten. Die Unterscheidung zwischen kriminellem Unrecht und ebensolcher Schuld einerseits und dem bloßen Verwaltungsunrecht mit seiner Mißachtung eines Ordnungsbefehls andererseits mag im einzelnen gelegentlich schwierig und zweifelhaft sein, vor allem auch bei der sachgemäßen Aufgliederung der im StGB geregelten Übertretungen, jedoch ist derjenige, der einen bloßen Verwaltungsbefehl unbeachtet läßt, dem kriminellen Täter nicht vergleichbar. Nicht nur die verletzte Norm ist in seinem Falle nach sittlicher Grundlage und Zweck anders geartet, auch sein Verhältnis zu ihr und sein Unrechtsbewußtsein hat andere Wurzeln. Von ihm ist — anders als bei der Kriminalstrafe — weder Sühne noch Besserung zu fordern, sondern nur das Einordnen in eine äußere, mehr oder weniger wertneutrale Ordnung, das Befolgen des Verwaltungsbefehls weniger im Interesse des Rechtsfriedens und der Stützung des allgemeinen Rechtsbewußtseins als zur Vermeidung von Unordnung. Übergänge sind dabei freilich unverkennbar, vor allem zu gewissen Gefährdungs- und zu den Fahrlässigkeitstraftaten (unterlassenes Streuen bei Glatteis, Nichtreinigen des Schornsteins, ungenügende Fahrzeugbeleuchtung).

Die Gesetzgebung kennt Strafbefugnisse von Verwaltungsbehörden in der Form von Strafverfügungen und Strafbescheiden schon länger, vor allem im Polizei- und Steuerrecht, aber immer auf straf- und strafverfahrensrechtlicher Grundlage und unter strafrichterlicher Kontrolle, also immer mit der Möglichkeit der Überleitung in das Strafverfahren. Diese Entwicklung dehnte sich später auf das Preis- und Kriegswirtschaftsrecht aus. Eine systematisch saubere Trennung der Straftaten und Ordnungswidrigkeiten enthielt erstmals das Wirtschaftsstrafgesetz v. 26.7.1949 (WGBl. S. 193) mit seiner Unterscheidung von Wirtschaftsstraftaten, bloßen Ordnungswidrigkeiten und solchen Zuwiderhandlungen, die je nach ihrem Wesen (§ 6 WiStG, dazu grundsätzlich BGHSt. **2** 358) das eine oder andere sein können, wobei für die Wirtschaftsstraftaten die allgemeinen Regeln des Straf- und Strafverfahrensrechts galten, für die Ordnungswidrigkeiten aber das Bußgeldverfahren der Verwaltungsbehörde mit dem Antragsrecht auf gerichtliche Entscheidung.

Diese zunächst nur wirtschaftsrechtliche Entwicklung ist im **Gesetz über Ordnungswidrigkeiten** v. 25. 3. 1952 (BGBl. S. 177) auf alle Ordnungswidrigkeiten auf Sachgebieten ausgedehnt, für die der Bund von seiner Gesetzgebungsbefugnis Gebrauch gemacht hat oder noch Gebrauch macht (§ 3 OWG). Die begriffliche Trennung des Strafunrechts vom Verwaltungsunrecht ist damit für das gesamte Bundesrecht grundsätzlich und mit den im OWG enthaltenen verfahrensrechtlichen Folgerungen anerkannt und durchgeführt, wobei die Eingliederung der Tat in den einen oder andern Bereich dem Gesetz vorbehalten ist. Eine ausschließlich mit Geldbuße bedrohte Handlung ist nunmehr eine Ordnungswidrigkeit und von der Verwaltungsbehörde durch Verwarnung oder Bußgeldbescheid (Antrag auf gerichtliche Entscheidung zulässig) zu handen. Eine ausschließlich mit Strafe bedrohte Handlung ist eine Straftat und folgt den bisherigen Regeln. Bei Mischtatbeständen gilt (nach konkreter Betrachtungsweise) Entsprechendes, wobei das Gericht den Entscheidungsvorrang hat.

Eine endgültige begriffliche Abtrennung der vielfachen Ordnungswidrigkeiten von den Straftaten ist wohl denkmöglich, praktisch aber unter Umständen schwierig und deshalb dem Gesetz selbst vorbehalten; nur bei den Mischtatbeständen entscheidet das Gericht. Wo das Gesetz entschieden hat und also Verwarnung oder Bußgeldbescheid Platz greifen, findet weder ein Strafverfahren statt noch werden Kriminalstrafen verhängt, selbst nicht als Folge des Antrags auf gerichtliche Entscheidung oder im Rechtsbeschwerdeverfahren, das sich dieser Entscheidung anschließen kann.

Zum Unrechtsbegriff bei Zuwiderhandlungen neuestens ausführlich R. Lange JZ **1956** 73.

2. Noch andere Unrechtsfolgen sind von der Kriminalstrafe zu unterscheiden. Die bloße Tatsache, daß sich ein Rechtsnachteil an eine Tat anschließt, entscheidet nicht, sondern nur Wesen und Zweck der Rechtsfolge. Solchen Mißverständnissen leistet die Wendung „Strafe" Vorschub. Die nachstehend erwähnten strafähnlichen Maßnahmen sind von der Strafe zu trennen, weil sonst auch deren allgemeine Grundsätze gelten müßten, was das Gesetz offensichtlich vermeiden will. Vielmehr gelten hier die Sonderbestimmungen der Gesetze, denen die Rechtsfolge entstammt, und allgemein Art. 2 der VO über Vermögensstrafen und -bußen v. 6. 2. 1924. Die dogmatische Zuordnung ist also von praktischer Bedeutung.

a) Die **Beugemaßnahme, Anhaltung** oder Erzwingungsstrafe (ihre Bezeichnung schwankt, früher Exekutiv- oder Zwangsstrafe, jetzt heißt sie manchmal Strafzwang, Beugegeld, Beugemittel). Sie ist eine öffentlich-rechtliche Beugemaßnahme im Dienste des Erfüllungszwangs, ein Mittel zur Durchsetzung behördlicher Anordnungen (der Gerichte, der Verwaltungsbehörden, öffentlich-rechtlicher Körperschaften) durch Androhung, Festsetzung und Vollstreckung von Geldbußen oder Haft. Ihren Ausgang nimmt sie von einem Amtsbefehl, dessen Befolgung sie erzwingen soll, der also den Rechtsnachteil für den Fall der Nichterfüllung androht. Sie übt auf die Zukunft gerichteten psychologischen Zwang. Daher konkurriert sie meist mit dem unmittelbaren Zwang, z. B. mit der Vorführung des unwilligen Zeugen. Immer richtet sie sich gegen den widerstrebenden Willen des Pflichtigen, sie soll die Erfüllung der ihm auferlegten öffentlichen Pflichten gewährleisten. Nach alledem liegt das Gewicht auf der Androhung (§§ 55 Abs. 2, 56 Abs. 1 des Pr. Polizeiverwaltungsgesetzes v. 1. 6. 1931), die den Pflichtigen vor die Wahl stellt, im Ungehorsam zu verharren oder einen Rechtsnachteil zu vermeiden. Die Anhaltung ist bis zur Erfüllung oder zum Erlöschen der Pflicht wiederholbar. Der angedrohte Nachteil ahndet also nicht (wie die Strafe) den Ungehorsam gegen den Amtsbefehl, sondern verleiht diesem nur Nachdruck. Er hat keinen gesetzlichen Tatbestand, die zugrunde liegenden Rechtsvorschriften sind Blankette (Nichterfüllung einer öffentlichen Pflicht, deren Inhalt sich gemäß dem Bedürfnis des Einzelfalls bestimmt). Die Anhaltung kann (zumal die Geldbuße nur in den ausdrücklich bezeichneten Fällen, z. B. des Pr.PVG, in Freiheitsentziehung umgewandelt werden kann) auch juristische Personen oder Personenvereinigungen treffen, z. B. nach § 45 des RGes. über das Kreditwesen v. 5. 12. 1934. Sie erfordert nicht notwendig Verschulden, wird vielmehr nach der Stärke des widerstrebenden Willens bemessen, den sie überwinden soll. Bestimmungsgemäß entfällt sie mit der Erledigung der Rechtspflicht.

Als „Geldstrafe" und „Strafe der Haft" oder als „Haft" tritt die Beugungsmaßnahme in § 132 Pr.LVG auf, ebenso im Zeugniszwangsverfahren nach § 70 Abs. 2, 77 StPO, § 390 Abs. 2 ZPO, bei der Durchsetzung der Herausgabepflicht nach § 95 Abs. 2 StPO, bei der Erwirkung unvertretbarer Handlungen nach ZPO §§ 888 (RGZ **77** 223, h. M.), 889 Abs. 2, 901 und zur Erzwingung des Erscheinens zur Auskunfterteilung nach RAO § 60 Abs. 2. Unter der Bezeichnung „Zwangsstrafe" fand sich das Beugemittel z. B. in § 26 der Reichsärzteordnung v. 13. 12. 1935 oder § 69 des PersonenstandsGes. v. 3. 11. 1937. Unter „Ordnungsstrafe" erscheint es in BGB §§ 78, 1788, 1837 Abs. 2, HGB §§ 14, 37 Abs. 1, AktienGes. § 303, RGewO §§ 96, 104k (dagegen „Zwangsstrafe" in § 144a), GenG § 160, BörsenGes. § 82 Abs. 3, im RGes. über das Kreditwesen v. 5. 12. 1934 § 10 Abs. 5 und in der Reichsnotarordnung v. 13. 2. 1937 § 58 Abs. 1. Das BayrPStGB spricht in Art. 21 von „Ungehorsamsstrafe". Als „Zwangsstrafe" erscheint die Anhaltung in RVO §§ 31, 318a, 445, 656, 800 oder in AngestVO §§ 177, 200, als „Zwangsgeldstrafe" in § 153 ThürLVO, als „Zwangsgeld" in § 202 RAbgO.

b) Die **Disziplinarmaßnahme** ist heute bloßes Zuchtmittel in einer engeren Gemeinschaft zur Aufrechterhaltung der besonderen Ordnung dieses Lebenskreises. Sie hat mit dem Erfüllungs- und Genugtuungszwang nichts zu tun, es sei denn, daß das positive Recht gegenteilige Anordnungen trifft. Im allgemeinen richtet sich die Disziplinarmaßnahme auf Prävention (Hubernagel GerS **106** 160; Stock, Entwicklung und Wesen der Amtsverbrechen 234, 269). Es handelt sich dabei um Täterrecht, da nicht die Störung des Gemeinschaftslebens, an die sie sich knüpft, als vielmehr mangelnde Pflichtmäßigkeit, Anständigkeit, Würdigkeit und Lauterkeit bei der Betätigung in dem engeren Lebenskreis und bei der Lebensführung den Gegenstand der Maßnahme bildet und daher die gemeinschaftswidrige Gesinnung den Ausschlag gibt. Die Gesamtpersönlichkeit steht im Vordergrund. Gemeinschaftsfremde unterliegen der Dienststrafmaßnahme nicht.

Die Disziplinarmaßnahme setzt ein **Ein- und Unterordnungsverhältnis** in einem Sonderverband mit Zuchtgewalt voraus. Die Träger solcher Befugnisse sind mannigfach: Familie (BGB § 1631 Abs. 2), Schule, Universität, Dienstbehörden, die Rechtsanwaltschaft, das Notariat, die Ärzteschaft, Vereine, Kirchen und Religionsgesellschaften. Der Täter kann in jedem solchen Verband, dem er angehört, wegen desselben Verhaltens nach dessen besonderen Zielen und Bewertungen diszipliniert werden.

Die Disziplinarmaßnahme knüpft an ein Verhalten an, das in dem Sonderverband als Verstoß gegen die aus der Gliedschaftsstellung hervorgehenden besonderen Pflichten gewertet wird. Widerrechtlichkeit ist dem Verstoß nicht wesentlich, es genügen bloße Ordnungswidrigkeiten wie unwürdige oder unsoziale Handlungen, nur müssen sie gemeinschaftswidrig sein.

Ihr Ziel, die Erhaltung der Zucht und Ordnung innerhalb des Sonderverbands (meist zugleich auch die Reinhaltung des Berufs-, Standes- oder sonstigen Gemeinschaftsethos), erreicht die Disziplinarmaßnahme durch Verhängung erzieherischer Maßnahmen (Warnung, Verweis, Geldbuße, Kürzung der Bezüge, zeitweise Suspension), durch Entlassung oder Relegation, wenn das Mitglied besserungsunfähig oder für die Gemeinschaft weiterhin untragbar ist.

Die Disziplinarmaßnahme und die Strafe sind also nach Wesen, Funktion, Voraussetzungen, Inhalt und Folgen selbständig. Wenn sie von demselben Sachverhalt ausgehen, so wird dieser sowohl als Straftat wie als Gemeinschaftsverstoß disziplinär gewertet, er weist also zwei verschiedene Seiten gleichzeitig auf und löst im Zweifel beide Rechtsfolgen aus (DStZ **9** 114, KG DJZ **1931** 840). Das Gesetz kann diese Häufung verbieten und ein Alternativverhältnis zwischen den Rechtsfolgen begründen. Eine Anrechnung der Disziplinarnachteile auf die Strafe findet angesichts der Selbständigkeit beider nur statt, wo dies ausdrücklich vorgesehen ist, wie in § 110 SeemO (Grund: die Spannweite des § 91).

c) Die **Verwarnung** tritt in § 14 JGG 1953 als mildestes Zuchtmittel, in § 59 PrPolizeiverwaltungsges. i. d. F. v. 27. 12. 1933 statt oder neben den polizeilichen Strafverfügungen als Erinnerung an polizeimäßiges Verhalten, mithin als polizeiliche Vorbeugungsmaßregel auf. Diese Verwarnungen bewegen sich im Bereich der verwaltenden Staatstätigkeit, sie sind demgemäß nicht der Rechtskraft fähig, so daß die Verhängung einer Ordnungsstrafe wegen desselben Vorgangs möglich bleibt.

d) Die **Rechtsverwirkung** besteht im Verlust von persönlichen Rechten oder von Rechtsfähigkeiten, der sich zwangsläufig mit der Verurteilung verbindet. Als dessen Nebenwirkung fällt sie aus dem Strafbereich heraus. Beispiele: die Rechtsfolgen der Zuchthausstrafe nach § 31, der Verlust der elterlichen Gewalt nach BGB § 1680, des Zwangsvergleichs-Erlasses nach § 197 Abs. 1 KO, der Beamtenfähigkeit, der Fähigkeit zum Halten oder Anleiten von Lehrlingen nach HGB § 81 Abs. 1, GewO § 126 oder zum Anleiten von gewerblichen Arbeitern unter 18 Jahren nach GewO § 106. Die Rechtsverwirkung wird vom Strafgericht nicht angeordnet. Die bloße Tatsache der Bestrafung hat die Funktion eines Sachverhalts, an welchen jene Rechtseinbußen anknüpfen. Da die Rechtsverwirkung keinen Teil der Strafentscheidung bildet, wird sie vom Gnadenakt im Zweifel nicht erfaßt (§ 3 Abs. 2 Gnadenordnung v. 6. 2. 1935). Von der Rechtsverwirkung sind echte Verwirkungsstrafen (der Ehrverlust nach § 32) zu unterscheiden; diese werden als Strafübel wegen der Straftat urteilsgemäß auferlegt. Allerdings bedürfen sie keiner besonderen Vollstreckung, § 36, RGSt. **68** 182.

e) Die sog. **Prozeßstrafen** lassen sich nicht einheitlich erfassen. Man versteht darunter Rechtsnachteile wegen Nichtwahrnehmung prozessualer Handlungsmöglichkeiten oder -pflichten. Strafcharakter kommt ihnen nicht zu. Sodann werden die Folgen von Verfahrensstraftaten Prozeßstrafen genannt. Das Verfahrensunrecht ist jedoch heute nicht mehr rechtssatzmäßig kriminalisiert, vor allem verzichtet das heutige Verfahrensrecht auf echte Lügenstrafen (so östr. ZPO § 178) oder auf Strafen wegen Erschleichung von Prozeßvorteilen (jedoch östr. ZPO § 69 Abs. 2). Dafür sind andere Rechtsnachteile vorgesehen.

f) Die **Wiedergutmachung** oder **Entschädigung** soll die durch den Rechtsbruch gestörte Rechtssphäre des Verletzten wieder ordnen. Sie zielt auf Rückgängigmachung des Eingriffs ab, deshalb richtet sie sich nach dem verursachten Rechtsschaden.

Als **ideelle Genugtuung** betrifft sie Schäden im Bereiche des Immateriellen (Nagler, Strafe I 108). Die Rufgefährdung mit der öffentlichen Bekanntmachung der Verurteilung nach dem Ermessen des Verletzten (§§ 165, 200, 104b) gehört als Nebenstrafe nicht hierher (s. III 2). Das RG behandelte sie wegen der Demütigung, die sich mit der öffentlichen Kundmachung verbindet, als Nebenstrafe, RGSt. **6** 180 Pl., **13** 319, **14** 153, **16** 73 (Strafe zur Genugtuung des Verletzten), **35** 19, **37** 268, **73** 26 (Nebenstrafe und zugleich Genugtuung). Ideellen und materiellen Zwecken dient die öffentliche Bekanntmachung durch den Verletzten, der ein berechtigtes Interesse dartun kann, in § 30 Abs. 2 Warenzeichenges., § 49 Abs. 3 Patentges. und § 16 Abs. 3 Gebrauchsmusterges. Lediglich materiellen Zwecken, nämlich der Rückgängigmachung einer Betriebsschädigung, die öff. Bekanntmachung nach § 23 Abs. 2 des UnlWGes. i. d. F. v. 26. 2. 1935. Die Veröffentlichung der Freisprechung (z. B. § 23 Abs. 3 UWG, § 15 Abs. 1 Satz 2 LebensmittelGes. v. 17. 1. 1936, § 29 Abs. 1 Satz 2 WeinGes. v. 25. 7. 1930) dient der Wiederherstellung des Ansehens des Angeklagten in der Öffentlichkeit.

Anders sind die Bekanntmachungen geartet, die zur öffentlichen Anprangerung des Täters wegen der Verletzung unmittelbarer Allgemeininteressen verfügt werden, z. B. nach § 285a Abs. 2, § 15 Abs. 1 Satz 1 LebensmittelGes., § 23 Abs. 1 UnlWGes., § 29 Abs. 1 Satz 1 WeinGes., § 399 AbgO. Die herrschende Lehre nimmt hier eine den Täter vor der Öffentlichkeit bloßstellende und allgemein abschreckende Ehrenstrafe an; auch RGSt. **53** 291 spricht von einem wirtschaftlichen Übel und RGSt. **73** 26 von einer brandmarkenden Nebenstrafe.

Die **materielle Entschädigung** des Verletzten ist Rechtsfolge des Rechtsbruchs, soweit er zugleich den Tatbestand einer unerlaubten Handlung des öffentlichen oder privaten Rechts, zumal nach BGB §§ 823flg. darstellt. Sie erstrebt die Abwälzung des Vermögensnachteils vom Verletzten auf den Täter, gleichviel welche Form der Ausgleich annimmt (RGZ **131** 178): Zurückgabe der entzogenen Sache, Vergütung des Vermögensschadens in Natur oder Geld, Beseitigung des rechtswidrig herbeigeführten Zustands. Daß Strafe und Schadensersatz nur die Rechtswidrigkeit und den Ursprungsvorgang gemeinsam haben, sich im übrigen aber nach Rechtsgrund, Voraussetzungen, Gegenstand und Inhalt unterscheiden, ist allgemein anerkannt. Der Schadenersatz bleibt im Bereiche des Erfüllungszwangs, er reicht nicht in den des Strafzwangs hinein, Nagler, Strafe I 100, 108. Das Verhältnis von Schadenersatz und Strafe kann demgemäß heute nur das der vollen Selbständigkeit beider Rechtsfolgen sein. Dem trägt auch StPO §§ 403flg. Rechnung. Lediglich eine andere Bezeichnung für Schadenersatz ist der **Wertersatz** der Feld- und Forstpolizeigesetze (KG DRZ **17** 26). Die Praxis dehnt freilich diesen Wertersatz über den wirklichen Schaden hinaus (z. B. bei Versuch, bei Einigung des Täters mit dem Bestohlenen, KG DStZ 8 180) aus, sie erkennt die Verpflichtung zum Wertersatz auch an, wenn der Verletzte das Entwendete zurückerhalten hat, KG JFG Erg. **6** 332. Bei Weidefrevel hat nach § 65 PrFFPGes. der Verletzte die Wahl, ob er Erstattung des nachweisbaren Schadens oder ohne Nachweis die Zahlung eines **Ersatzgeldes** fordern will. Auch dieses Ersatzgeld ist Schadenersatz, nur ist dieser zur Vermeidung von Beweisschwierigkeiten pauschaliert. Dem an die Stelle der Verfallerklärung oder der Einziehung tretenden Wertersatz (z. B. nach § 335) kommt natürlich ein anderer Rechtscharakter zu.

B. Die Strafzumessung

Schrifttum: Dreher, Über die gerechte Strafe, 1947; Dreher, Bericht ZStW **66** 568; Drost, Das Ermessen des Strafrichters, 1930; Exner, Über Gerechtigkeit im Strafmaß, 1920; Exner, Strafzumessungspraxis, 1931 (KrimAbh. Heft 16); Exner, Kriminologie, 1949; Graßberger, Die Strafzumessung, 1932; Festschrift für Kohlrausch S. 24 (Exner), S. 44 (Lange); Hartung, Zur Problematik der Geldstrafe, SJZ **1950** 102; Hartung, Steuerstrafrecht, 1950; Heinitz, Strafzumessung und Persönlichkeit, ZStW **63** 57; Heinitz, Der Ausbau des Strafensystems, ZStW **65** 26; von Hentig, Die Strafe, 1932; M. E. Mayer, Reform der Strafzumessung, Krim-Psych. **3** 309; Mezger, Studienbuch, Allg. Teil S. 253 und MatStrRef. I 1; Rosenfeld-van Calker-Radbruch-Kriegsmann VDA III 93; Hülle DRiZ **1951** 4, 35; Kern, Grade der Rechtswidrigkeit, ZStW **64** 254; Maurach, Strafrecht, Allg. Teil, 672; Gallas, Kriminalpolitik und Strafrechtssystematik, 1931; Sachs, Beweiswürdigung und Strafzumessung, 1932; Sachs, Leugnen und Schweigen, SJZ **1949** 102; Sauer, Strafbemessung und Persönlichkeit, ZStW **50** 679; Sauer, Allgemeine Strafrechtslehre, 1955; Sauer, System, Besond. Teil; Sauer, Kriminologie; Welzel, Dt. Strafrecht S. 186; Welzel, Persönlichkeit und Schuld, ZStW **60** 4; Eb. Schmidt SJZ **1946** 204, MatStrRef. I 27; Schönke-Schröder vor § 13; Peters, Stellung des Strafrichters bei der Bestimmung der Unrechtsfolgen, 1932; Schröder, Gesetz und Richter im Strafrecht, 1953; Schröder, Mezger-Festschrift **1954** 415; Wimmer SJZ **47** 594, **48** 64;

Wimmer JR **47** 97, DRZ **1948** 116, **1950** 268; Nagler, Die Strafe, 1918; Nagler, LK 6. Aufl. S. 150; von Weber MDR **1949** 389; Gage-Sarstedt 183; Arndt SJZ **1946** 30; Geier (LR) § 267 Anm. 10; Seibert MDR **1952** 457, DRiZ **55** 32; Würtenberger, Untersuchungshaft, JZ **1952** 545; Jagusch (LR) § 337 Anm. 2a; Spendel, Zur Lehre vom Strafmaß, 1954; Koffka JR **55** 322; Bader JZ **55** 525; Bockelmann MatStrRef. I 29; Lange MatStrRef. I 69.

I. Aufgabe und Methode der Strafbemessung

1. Die Rechtsquellen normieren Unrecht, Schuld und die Formen der strafbaren Handlung in allgemein gefaßten Tatbeständen. Zugleich ordnen sie für ihre Zwecke die geschützten sozialen Werte und Güter durch allgemeine Strafandrohungen (Strafrahmen). Der Richter, indem er die Strafe bemißt, wendet dieses abstrakte Schema auf das bestimmte Verhalten eines bestimmten Täters an. Die Strafbemessung enthält also einen Querschnitt durch das Strafrechtssystem, seine Nutzanwendung auf den Einzelfall, das eigentliche Ziel, an welchem es sich zu bewähren hat. Das sachliche Recht, die Norm, spiegelt sich hier im Lebensvorgang. Für die Gesamtheit ist Strafbemessung die Bewährung der sozialen Ordnung gegen gefährliche Störer, für den Täter soll sie die gerechte Antwort auf den Rechtsverstoß sein. Darum liegt ihm an ihr am meisten. Den Tathergang kennt er genauer als der Richter. Die rechtliche Beurteilung ist ihm meist zweitrangig. Im Urteil will er aber erfahren, warum er gerade diese und keine mildere Strafe erhält und warum das Gericht diesen Milderungsgrund anerkannt und jenen andern verworfen hat.

Die Strafbemessung erforscht Tat und Täter im weitesten Umfang möglichst gründlich, um aus der Vielzahl der fast stets angedrohten Strafen die gerechte und angemessene herauszufinden. Die Kenntnis des Strafrichters von der Strafe und von den Menschen, die gestraft werden, darf keine nur metaphysische sein (Moritz Liepmann). Dazu kann die gesamte Lebensvielfalt, ein Spannungsfeld von Anlagen, von Erworbenem, Begehrungen, Hemmungen, Verirrungen, von Erkenntnissen, Überzeugungen, Irrtümern, Leidenschaften und Affekten gehören. Erst an Hand dieses Stoffes erlangen das abstrakte Strafschema und der Tatbestand Leben. Zugleich zeigen sich hier die Grenzen der Strafbemessung: die Unzulänglichkeit der Anschauung und kriminologischen Erforschung fremden Wesens. Gleichwohl bleibt sie der entscheidende Teil des Richtens. Sie kann von dem verbreiteten Schematismus gelöst werden und einer kriminologischen Wertung Platz machen, die das Tat- und Täterbild in ein klareres Licht rückt. „Hinter dem Täter ... muß mit seelischem Feingefühl der Strafrichter den Menschen mindestens ahnen“ (Wegner, Einführung 16). Dazu verhilft dem Richter ein sinnvolles System von außen nach innen fortschreitender kriminologischer Ansätze, deren wesentliche („bestimmende“), soweit sie Tat und Täter kennzeichnen, im Urteil festzuhalten sind (§ 267 III StPO).

Der feste Rahmen dieses Bemühens ist die in der Tat zutage tretende Täterschuld. Die Strafe ist Schuldvergeltung, Ausgleich des Rechtsbruchs (Vorbem. Strafen A II). Im einzelnen gelten die gesetzlichen Regeln (Strafrahmen, allgemeine Vorschriften der §§ 20a, 27a, 27b, 44, 49, 51 II, 55 II, ferner die §§ 14, 106 JGG 53; Gewohnheitsrecht: verschuldeter Verbotsirrtum, BGHSt. **2** 194), ergänzt durch alles, was im Einzelfall erklärend, entlastend und belastend wirkt.

Die Strafbemessung gehört zum **sachlichen Recht** (Geier-LR. § 267 Anm. 10a, Eb. Schmidt § 267 Nr. 19). Sie ist rechtsgestaltend.

2. Strafgrund und Strafzwecke wurden bereits oben (Vorbem. Strafen A II) behandelt. Ohne sie ist die Strafbemessung richtungslos. Erst ein Leitbild ordnet die Fülle der möglichen Erwägungen und Zwecke und entscheidet über den Vorrang. Mehrere Grundsätze können im Einzelfalle dieselbe Strafe fordern, weit öfter aber verschiedene Strafen (Schuldvergeltung, Abschreckung, Besserung, Unschädlichmachung). Dann schließt eine solche Doppelspurigkeit sichere und gerechte Ergebnisse aus (Nagler Strafe I 635). Die **Strafe ist Schuldvergeltung,** Ausgleich des Rechtsbruchs (BGHSt. **2** 200, **4** 8, OGHSt. **2** 103, 327, **3** 125, RGSt. **58** 109, **61** 417, Nagler, Strafe I 574, 583, Maurach 681, Mezger Lehrbuch 499, Welzel 176, Schönke-Schröder 70, oben Strafen A II). Nur innerhalb der Schuldstrafe haben die andern anerkannten Strafzwecke der Vorbeugung (Abschreckung) und Sicherung Raum. Gibt man diesen Grundsatz preis, so verläßt man die Gerechtigkeit und endet bei der bloßen gesellschaftlichen Zweckmäßigkeit (Welzel 176, Nagler, Proph. 244). Hiernach kommen als Nebenzwecke der Strafe in Betracht:

a) Die **Einzelvorbeugung** (Spezialprävention) bei dem noch unverdorbenen, leichtsinnigen, willensschwachen oder unbeherrschten Gelegenheitstäter (RGSt. **58** 109, JW **28** 1748). Ihm soll das Verwerfliche seines Zusammenstoßes mit der Rechtsordnung vor Augen geführt, er soll zur Besinnung gebracht, die Wiederholung seiner Verfehlung soll ihm, sofern er nicht zur Einsicht gelangt, jedenfalls verleidet werden. Eine drastische Strafeinwirkung kann bei Erstbestrafungen dann heilsam sein, wenn die Gefahr besteht, daß sich der Täter eine leichtere Strafe nicht zur Warnung dienen läßt, wenn er weder die Demütigung, die mit der Bestrafung verbunden ist, richtig empfindet, noch das Strafübel als solches schwer trägt (über Strafempfänglichkeit B I 5). Dann kann er aus der ersten Begegnung mit der Strafe leicht eine falsche Haltung zur Rechtsordnung gewinnen, die für sein weiteres Verhalten verhängnisvoll würde.

Kam der Verbrechensentschluß durch das Überwiegen persönlichkeitseigener Umstände zustande, kann **Besserung** mit dem Ziele umgestaltender Selbsteinkehr versucht werden. Es kommt hier auf die Kräftigung noch nicht genügend wirksamer Hemmungsvorstellungen und auf das Erarbeiten einer rechtstreuen Haltung (Sühne) an, sei es, daß die drastische Verdeutlichung des Verschuldens zur Selbstbesinnung führt oder daß die Art der Strafe (§§ 23flg.) oder der Vollzug der Freiheitsstrafe den Willen zum Rechtsgehorsam und zur Rechtstreue weckt, stärkt und festigt. Beides wird am besten durch die Schuldstrafe erreicht, die sich dem Täter begrenzt anpaßt (Maurach 683).

b) Die **Sicherung** gegen den mutmaßlich Unverbesserlichen kann ebenfalls nur ein Nebenzweck der Strafe sein (RGSt. **58** 109, JW **29** 1005, Hamm HESt. **1952** 799, Hamburg HESt. **2** 228, BayObLG NJW **1951** 245, Bremen JR **1952** 484, Schönke-Schröder 71, Dreher NJW **1951** 492). Es ist auch unzulässig, die Strafe eines vermindert Zurechnungsfähigen wegen erhöhter Gemeingefahr zu schärfen (dazu HRR **39** 863), denn die Sicherungsaufgabe erfüllt schon § 42b. Wo die Schuldstrafe nicht ausreichend sichert, muß das Maßregelrecht eingreifen, falls die Voraussetzungen dafür vorliegen (Maurach 683).

c) Die **Allgemeinabschreckung** durch Strafverhängung will Gegengewichte gegen die Versuchung oder Neigung, in gleichen Bahnen zu wandeln, schaffen und den Reiz zur Nachahmung möglichst ausrotten. Für sie gilt dasselbe wie für die andern Nebenzwecke. Sie steht an letzter Stelle. Schon psychologisch ist ihre Wirksamkeit unerforscht und kaum aufklärbar. Vor allem aber darf der Täter über die Schuld hinaus nicht als Abschreckungsmittel für andere dienen, so eingewurzelt diese Vorstellung manchem erscheinen mag. Dies verführt zu schonungsloser Strenge und dazu, den Rahmen der gerechten Bestrafung zu überschreiten. Keinesfalls darf sich das rechtliche Schicksal des Schuldigen nach der Abschreckungsbedürftigkeit anderer richten. Eine überhohe Strafe ist verboten und kann nicht durch die Notwendigkeit gerechtfertigt werden, andere vom Verbrechen abzuhalten. Als ungerechte Maßnahme erweckt sie Empörung und Mitleid und verfehlt den Abschreckungszweck ohnehin. Vgl. die Entscheidungen zu b. Recht weit geht in der Anerkennung des „allgemeinen Interesses der Zurückdrängung und Verhinderung des Verbrechens" RG GA **55** 308, RGSt. **76** 301 und vor allem in **58** 109, wo neben den „in erster Linie" maßgebenden Vergeltungszweck mit Vorbehalt die Abschreckung gestellt wird; die Richtigstellung, daß es sich dabei nur um eine Nebenwirkung handele, erbringen RGSt. **61** 417, JW **28** 1748, **31** 1613, HRR **29** 452.

d) **Genugtuung für den Verletzten.** Dessen Reaktionsbedürfnis wegen der Unbill und Kränkung, sein Gefühl, gedemütigt und zurückgesetzt zu sein oder das Vertrauen in den Rechtsschutz verloren zu haben, wird durch die gerechte, auch diese Umstände der Tat abwägende Beurteilung schon mit berücksichtigt; Bedeutung, unter Umständen erhebliche Bedeutung, kann alles dies nur im Rahmen des gerechten Ebenmaßes gewinnen, RGSt. **65** 230, **61** 417, OGHSt. **3** 140 (Verzeihung aber als Strafmilderungsgrund), **1** 121, Maurach 683, OGHSt. **2** 103 (Tat gegen kinderreichen Vater, ein schulderhöhender Umstand, sofern der Täter ihn kannte). Die Erregung der Öffentlichkeit über die Tat, oft schon an sich ein zweifelhafter Faktor, erlangt nur innerhalb der Schuldstrafe allenfalls Bedeutung, Bremen HESt. **3** 69, Maurach 683.

e) **Sachfremde Erwägungen** (vgl. auch B IV 1c), die mit der Tat in weitestem Sinne und mit dem Täter nicht in sachgerechte Verbindung gebracht werden können, scheiden für die Strafbemessung aus, weil sie die nachprüfbaren Grenzen verlassen, das Schuldprinzip verleugnen und auf allgemeine Lebensführungsvorwürfe hinauslaufen (BGH § 267 III StPO Nr. 24, NJW **54** 1416). Hierher kann die Erregung der Öffentlichkeit über eine von ihr nicht verstandene oder nicht richtig beurteilte Tat gehören (Bremen HESt. **3** 69). Wie die Strafe die nahen Angehörigen des Verurteilten trifft, wird im allgemeinen unbeachtlich sein müssen, soweit nicht etwa im Einzelfalle der Faktor der Strafempfindlichkeit (B I 5) hier mitspricht (vgl. Frankfurt HESt. **3** 69, Maurach 683). Die Strafe darf nicht deshalb höher angesetzt werden, weil die Tat sonst gesetzlich straffrei würde, also zur Umgehung einer Amnestie (RG DStr. **37** 162, HRR **39** 806, DJ **1937** 82, Maurach 683). Darin läge die unerlaubte Korrektur des Gesetzgebers durch den Richter aus sachfremden Gründen. Geldstrafe darf nicht aus dem Grunde verhängt werden, „weil eine Freiheitsstrafe den Täter für die Zukunft vergrämen würde", und sie darf nicht erhöht werden, um fiskalischen Belangen zu dienen (Hellwig, GeldstrafenG 20, Maurach 684). Der Ersatz des Tatschadens durch Dritte kann bei der Beurteilung der Tatfolgen Bedeutung gewinnen, vor allem, wenn er auf den Täter zurückgeht. Die Fürbitte des Verletzten gilt als Verzeihung (OGHSt. **3** 140). Die Strafe darf nicht deshalb geringer ausfallen, weil der Täter in anderer Sache angeblich zu hart bestraft wurde, denn ein gleichgeordnetes Gericht darf kein anderes „berichtigen", OGHSt. **3** 139. Die Schuldstrafe darf nicht überschritten werden, um von selten begangenen Verbrechen allgemein abzuschrecken, Köln NJW **53** 158 (Erpressung). Eine Verbrechenszunahme, die der Täter kennt, kann die persönliche Schuld und damit auch die Strafe steigern (s. B I 4). Hat ein Fahrer die Grenze zur Fahrunsicherheit noch nicht nachweisbar überschritten, darf Alkoholgenuß nicht straferhöhend verwertet werden, BayObLG NJW **55** 1080 (Vorsicht!). Daß sich der Angeklagte an sich nur schwer behördlichen Anordnungen fügt, ist nur bei Tatbejahung verwertbar, Oldenburg NRpfl. **53** 208. Die Ausländereigenschaft wirkt nicht straferhöhend (Celle MDR **53** 571).

3. Gesamtwürdigung. a) Die Strafbemessung wendet das Gesamtsystem auf den Lebensvorgang an, Nagler GS **94** 88, **114** 145. Sie kann daher nur auf einer Gesamtbeurteilung beruhen, die alle für die Tat und den Täter, soweit er sich in ihr kennzeichnet, wesentlichen Erkenntnisse ohne Beschränkung auf den Bereich der Anklage (BGH LM § 267 III StPO Nr. 10) umfaßt. Umstände, die in bestimmter Steigerung und Zuspitzung die Rechtswidrigkeit oder Schuld ausschließen, können sie in umgekehrter Richtung auch steigern oder in ein kennzeichnendes Licht setzen. Merkmale, die auf ihrem Höhepunkt eine Strafschärfung bewirken, können in niederen Graden jedenfalls noch Straferhöhungsgründe sein. Wieder andere Umstände können im Spannungsfeld der Gesamttat hier straferhöhend, dort strafmindernd wirken. Darauf hat der Richter sorgfältig zu achten, nur gewisse Umstände werden regelmäßig auf Straferhöhung oder Strafminderung hindeuten. Jeder Schematismus ist hier vom Übel. Der Tatrichter trägt hier eine besondere Verantwortung, weil das Revisionsgericht nur bei deutlich hervortretenden Rechtsmängeln (§ 267 III StPO) auf diesem Ermessensgebiet ausgleichend eingreifen kann. Bei der Abwägung können äußerlich ungereimt anmutende Zumessungsgründe durch den Strafspruch selbst verdeutlicht und klargestellt werden (Sarstedt 190 mit Beispielen). Die wesentlichen Tat- und Täterumstände (Schleswig VRS **55** 216) sind aber jedenfalls zutreffend entsprechend der Erfahrung (OGHSt. **3** 33, Sarstedt 186) heranzuziehen (BGHSt. **3** 179, **5** 130 [wichtig], BGH VRS **54** 449, OGHSt. **2** 71, 94, 151, **3** 34, Dreher NJW **1951** 574, Schönke-Schröder 75). Dazu ist das Gericht für jede Tat einzeln, ohne Verweisung auf andere Urteile (BGHSt. **1** 146, BGH NJW **1951** 413 und 4 StR 129/51 v. 5. 4. 1951) in eigener Würdigung nach pflichtgebundenem Ermessen berufen, BGH NJW **1953** 1760, OGHSt. **2** 151, BGHSt. **1** 308. Dabei ist es nicht zulässig, eine Milderungsvorschrift, etwa § 51 II oder § 23, auf bestimmte Tatgruppen grundsätzlich nicht anzuwenden, BGH NJW **1953** 1760 (s. auch bei § 23). Das verstößt gegen das Erfordernis der Einzelwertung des Vorgangs. Selbst die häufige zutreffende Nichtanwendung, ja die erfahrungsgemäße, schließt Ausnahmen davon nicht aus. Wird eine wesentlich höhere Strafe verhängt, als das Tatunrecht sie erwarten ließe, so ist dies im Urteil zu begründen, BGH LM § 267 III StPO Nr. 22. Die Schuldstrafe läßt die Berücksichtigung von feststehenden Nebenwirkungen der Strafe unter dem Gesichtspunkt der Strafempfindlichkeit zu, sofern es sich bei ihnen um ein durch die Tat ausgelöstes Rechtsübel handelt (wohl str., wie hier Maurach 687, Welzel 188). Grausame oder überhohe Strafen sind unzulässig, BGHSt. **1** 308, Köln NJW **47** 26. Eine **Gesamtstrafe** ist nur unter besonderen Umständen (Festsetzung an der Ober- oder Untergrenze des Zulässigen, BGHSt. **5** 57, neue Tatsachen nach der Tat oder nach rechtskräftiger Verhängung der Einzelstrafen) näher und selbständig zu begründen. Im übrigen gelten die Bemessungsgründe der Einzelstrafen. Anders unter Umständen bei nachträglicher Bildung gemäß § 79 StGB, § 460 StPO oder nach Wiederaufnahme. In diesen Fällen versteht sich die Notwendigkeit selbständiger Begründung schon wegen des Begründungszwangs gerichtlicher

Entscheidungen von selbst. Vgl. BGH LM § 267 III StPO Nr. 17 (Wiederaufnahme), BGHSt. **8** 205, 210, RGSt. **44** 306; zu weitgehend Bremen NJW **1952** 1069, kritischer Köln NJW **1953** 275, ohne gesetzliche Grundlage Schweling GA **55** 289. Es ist unzulässig auszusprechen, daß dieselbe Gesamtstrafe auch verhängt worden wäre, wenn die eine oder andere der festgestellten Straftaten nicht vorläge, BGH LM § 74 Nr. 17. Bestätigt das Berufungsgericht eine Gesamtstrafe, obwohl es die Summe der Einzelstrafen ermäßigt hat, so ist dies in der Regel zu begründen, Köln NJW **55** 356.

b) Tatbegriff. Das Erfordernis der Gesamtwürdigung zeigt, daß „Tat" bei der Strafbemessung im weitesten Sinn zu verstehen ist. Einerseits ist sie typisiertes Unrecht, anderseits jedoch individuell eigenartig, der persönlichen Lage und Haltung des Täters entsprungen, die ihrerseits allerdings in kriminologisch typischen Verbildungen wurzeln kann. Erst die Einzelzüge kennzeichnen den besonderen Unrechts- und Schuldgehalt. Die Strafbemessung muß sie daher ausschöpfen, auch und vor allem solche Züge, die für die Typisierung als Unrecht, den Tatbestand, ohne Bedeutung sein mögen. Daher beschränkt sich auch die „Schuld" hier nicht auf das Wollen der Tat gegen oder in Verkennung des Rechtsgebots, sondern umgreift den Täter als Ganzes im Lichte der Tat (OGHSt. **2** 98, RG DR **1940** 1940). Das Nähere findet sich unter B II (Gesetzliche Strafbestimmung), B III (Tat) und B IV (Täter).

Bei der Abwägung kann bald die äußere Tatseite (besondere Allgemeinschädlichkeit der Tat), bald die innere voranstehen (geringe Täterschuld), und zwar straferhöhend wie strafmindernd. Jedoch darf keine der andern gegenüber vernachlässigt und gegen ihre wirkliche Bedeutung zurückgestellt werden (BGHSt. **3** 179, unrichtige Bevorzugung von Schuldminderungsgründen) **5** 130, Einzelanweisungen zur Abwägung; OGHSt. **1** 244, **1** 171, überhohe Strafe, **2** 69, 152. Das würde das Ziel der Strafbemessung, die richtige Einzelstrafe zur Schuldabgeltung zu ermitteln, verfehlen. Liegt die Tatschwere offensichtlich an der unteren Grenze des Strafrahmens, so darf nicht auf die Höchststrafe erkannt werden, BGH 2 StR 45/50 v. 29. 5. 1952. Vgl. auch B I 3a. Die Verhängung einer Freiheitsstrafe darf nicht damit gerechtfertigt werden, bei fahrlässige Körperverletzung infolge Trunkenheit am Steuer komme grundsätzlich keine Geldstrafe in Betracht, Hamm VRS **53** 624 (Vorsicht!). Über das Rangverhältnis der bei der Abwägung konkurrierenden Werte s. B II 1.

4. Verletzlichkeit der Rechtsordnung

Bei der Abschätzung des Rechtsbruchs spricht die Verwundbarkeit der Rechtsordnung (Nagler, Strafe I 615) mit. Die rechtliche Bewertung kann daher nach verschiedenen Zeitumständen verschieden ausfallen. Der Unwert der Tat kann nur nach der wertenden Erfahrung bestimmt werden und ist weder exakt errechenbar noch ein für allemal derselbe. Innerhalb rechtsstaatlicher Grenzen sind die Zeitanschauungen und Zeitbedürfnisse ein gewichtiger Umstand, soweit sie Anerkennung verdienen und nicht nur Fehlhaltungen und Mißbräuche sind. Grundsätzlich ist von den psychologischen Gegenwartswirkungen des Verbrechens und von der Erschütterung des Rechtsgefüges durch den Rechtsbruch auszugehen. Verbrechen, welche die Autorität der Gesetze ungewöhnlich stark antasten oder untergraben (Gewaltverbrechen, schwere Attentate auf Staatsorgane), sind schon aus diesem Grunde besonders strafwürdig, denn von ihnen droht unmittelbar die Zersetzung der Rechtsordnung. Allgemein aber gilt: je gefestigter, innerlich gesicherter und gerechter Recht und Staat sind, um so weniger kann ihnen die Einzeltat im ganzen anhaben (Nagler, Strafe I 591 N. 1, 615), je gefährdeter sie sind, um so schwerer lastet die Tat auf der Waage des Rechts. Mehren sich z. B. in der Beamtenschaft die Anzeichen laxer Pflichtauffassung, so vollziehen sich die Reaktionen gegen die Einzelverfehlungen unter neuer Wertung. Ähnliches gilt in **Krisenzeiten** (Krieg, innere Wirren, Gemeingefahr, Verbrechenshäufung). Solche Ausnahmeverhältnisse erhöhen die Empfindlichkeit des Sozialgefüges und sein Schutzbedürfnis gegenüber einschlägigen Rechtsstörungen, sie erscheinen alsdann auf einer höheren Unwertstufe. Ihre Rechtspflichtwidrigkeit nimmt infolge der erhöhten allgemeinen Schutzbedürftigkeit wesentlich an Gewicht zu. Dabei tritt der objektive Erfolg gegenüber der persönlichen Schuld mehr in den Vordergrund (GerS **114** 134, 140), jedoch steigt als Folge der Verflochtenheit des Täters in die Umwelt meist auch diese. So auch bei wachsender Neigung zur Verübung bestimmter Arten von Verbrechen, GA **55** 308, JW **31** 1613 und beim Auftreten verbrecherischer Epidemien; häufen sich infolge krimineller Nachahmung gewisse Rechtsverletzungen auffällig, so rückt ihre äußere Gefährlichkeit, aber auch die Täterschuld regelmäßig auf eine höhere Stufe (Nagler, Strafe I 616), und zwar aus Gründen der Abschreckung und wegen der naheliegenden Gefahr der Nachahmung, wenn das Beispiel in zugespitzter politischer oder wirtschaftlicher Lage Schule zu machen droht (Ausschreitungen gegen Polizeibeamte in stürmischen Zeiten, wirtschaftliche und politische Unruhen, Großschiebung mit bewirtschafteten Gütern, Mißachtung der Bedarfsregelung durch Erzeuger und Großverteiler, dazu Dreher, Strafe 124flg.). Ebenso ruft die beispielgebende Verwendung eines wirksamen Verbrechensmittels (Vorgeschichte des § 239a oder des früheren Autofallengesetzes) erhöhte Wachsamkeit gegenüber solchen Angriffsformen hervor. Anderseits wird die Allgemeinanfälligkeit den kleinen Verbraucher, der nur elementaren Bedürfnissen genügen will, kaum belasten können.

5. Strafempfänglichkeit. Die Wirkung einer und derselben Strafe auf verschiedene Menschen wird regelmäßig durchaus unterschiedlich sein. Soweit dies die gerechte Vergeltung nicht berührt, die Strafwirkung nicht beeinträchtigt, eine unvermeidliche Spielbreite einhält und keine schädlichen Folgen besorgen läßt, ist es für die Strafzumessung, nicht für den Strafvollzug, ohne Bedeutung. Im übrigen aber ist es angemessen zu berücksichtigen, und zwar zugunsten wie zu Lasten des Täters. Die Strafanpassung an den Täter hat, außer im Vollzuge, auch schon bei der Strafbemessung innerhalb des Schuldrahmens Raum. Einfach liegt das Problem bei der Unempfindlichkeit gewisser Leute gegen Geldstrafen (RGSt. **65** 230 und 309). Was der eine mühevoll abarbeitet, würde der andere „aus der Westentasche" zahlen. Hier ist Geldstrafe entweder ganz unangebracht oder entsprechend höher festzusetzen (Gedanke der Tagesbuße), unter Umständen sind sichernde Maßnahmen zu erwägen, soweit dafür Raum ist. Schwierig liegt es bei dem Überempfindlichen, dessen Ehrgefühl z.B. durch eine Erstbestrafung mit Freiheitsentzug übermäßig verletzt würde. Hier könnte ein bedeutender Persönlichkeitswert gefährdet werden. Mitunter wird hier die Strafaussetzung zur Bewährung helfen, wo aber nicht, taucht die Frage der Zulässigkeit schwieriger sozialer Unterscheidungen auf, deren Behandlung im Einzelfall Feingefühl und Strenge zugleich erfordert. Die Gleichheit vor dem Gesetz schließt die Bewertung der Persönlichkeit nicht aus, also an sich auch nicht die besonderer Strafempfänglichkeit. Anderseits geht es z. B. nicht an, schwere Schuld bei besonderer Beeindruckbarkeit durch unangemessen milde Strafe „auszugleichen". Eine Milderung der Schuldstrafe, wenn auch keine erhebliche, wird hier aus dem Gesichtspunkt geringerer Strafnotwendigkeit zulässig sein, obwohl dagegen ins Gewicht fallen kann, daß die Persönlichkeitsumstände, auf denen die erhöhte Empfänglichkeit beruht, nicht selten auch für höhere Schuld sprechen werden. Die Schuldgrenze darf anderseits nicht überstiegen werden (Maurach 687). Bei der Beurteilung werden Alter (RG DR **43** 754), Bildung, Charakter und Beruf ins Gewicht fallen können. Von dem Vorwurf der „Klassenjustiz" hat sich die Strafbemessung fernzuhalten. Die These, je nach der Empfänglichkeit des Täters verursache schon eine entsprechend niedrigere Strafe ein schwereres Strafleiden, trifft psychologisch zu, folgerichtig führt sie jedoch zu einem dem Gesetz fremden Strafprivileg. — Strafempfängliche Psychopathen verdienen keine Nachsicht, weil ihnen nicht die Eindrucksfähigkeit, aber die Kraft zur Umkehr mangelt, eine Fehlhaltung, die sie zu vertreten haben (vgl. Welzel 187).

6. Nur Bewiesenes darf zur Strafbemessung dienen, BGHSt. **1** 51, OGHSt. **2** 202, RG JW **1932** 2547, HRR **1932** 1183. Daher ist der Ausspruch, daß bei abweichendem Sachverhalt oder bei abweichender rechtlicher Beurteilung (Fortsetzungszusammenhang, Zusammentreffen, Urkundeneigenschaft) dieselbe Strafe verhängt worden wäre, vom RG beanstandet worden (RGSt. **70** 403, **71** 104, JW **35** 1938, **36** 1380, 1446, HRR **1937** 1053). Vgl. B II 1e. Man wird hier beachten müssen, ob die Strafe auch ohne Berücksichtigung jenes anfechtbaren Umstandes offensichtlich noch angemessen ist. Zutreffend BayObLG NJW **1952** 314 (der Angekl. „gilt" als rücksichtsloser Fahrer); hier fehlt der Ausdruck der richterlichen Überzeugung. Ebenso Schönke-Schröder 74, Oldenburg NRpfl. **1950** 63. Der Verdacht von Verfehlungen, der zum Freispruch oder gar zur Einstellung der Ermittlungen geführt hat, wirkt unter keinen Umständen straferhöhend (RGSt. **23** 91, JW **23** 394, **24** 320, 1770, a. M. aber RGSt. **44** 257), das liefe auf eine unzulässige Verdachtsstrafe hinaus. Wohl können derartige Umstände beim Schuldspruch mitwirken, dem Richter eine feste Überzeugung zu verschaffen. — Wird nur ein Versuch festgestellt, so kommt die Möglichkeit, die Tat sei vielleicht doch vollendet worden, nicht straferhöhend in Betracht. Rechtskräftig abgeurteilte Straftaten und solche, für die Straffreiheit gewährt worden ist, dürfen berücksichtigt werden, RG HRR **38** 487. Die bewertende Vorwegnahme einer noch ausstehenden Verurteilung hat das RG JW **24** 1770 mit Recht untersagt. Soweit Wahlfeststellungen noch zulässig sind (vgl. § 2b), ist ausschließlich vom milderen Gesetz auszugehen (dazu RGSt. **71** 44).

II. Die gesetzliche Strafbestimmung. Strafrahmen

1. Strafrahmen. a) Allgemeine Bedeutung. Durch Aufstellung der mehr oder minder weit gespannten Strafrahmen kennzeichnet das Gesetz die Bedeutung der jeweiligen Verbotsnorm innerhalb der Sozialordnung, die Rangstufung der geschützten Rechtsgüter, und stellt eine Art von **Bewertungsschema** auf, einen vorweggenommenen allgemeinen Katalog der Strafbemessung, zu welchem zwecks näherer Bestimmung der Strafe noch die besonderen Tat- und Tätermerkmale zu treten haben. Der Unwert bestimmter Tattypen ist damit in etwa festgelegt und der Strafbemessung vorgearbeitet. Das Vorhandensein möglichst deutlich umschriebener und abgestufter Strafrahmen ist ein rechtsstaatliches Anliegen (II 2b und c), wenn sie auch so weit reichen müssen, daß sie ohne Zwang die gerechte Ahndung der mildesten wie der schwersten Tat ermöglichen, soll sich nicht ein Ausweichen der Rechtsprechung in andere Tatbestände mit allen seinen kriminalpolitischen und dogmatischen Bedenken bemerkbar machen.

b) An diese Strafrahmen ist der Richter **gebunden,** BGHSt. **1** 184, **3** 259 (für Geldstrafe), OGHSt. **3** 134, RGSt. 8 76 (für §§ 21, 74), **73** 398, er darf nicht eigene Kriminalpolitik treiben, sndem er sie über- oder unterschreitet (Hamm VRS **53** 624: Trunkenheit am Steuer „grundsätzlich" nur Freiheitsstrafe), oder indem er bei der Beweiswürdigung in einen anderen Tatbestand ausweicht. Einem allgemeinen Anschauungswandel unterliegt freilich auch er, und zwar hinsichtlich der Art der Ausnutzung der Strafrahmen, vor allem beim Gebrauch der Höchst- und Mindeststrafen. Schon bei der Entstehung der gegenwärtigen, allerdings teilweise später geänderten Strafrahmen, unter tatstrafrechtlichen Anschauungen, wird die Mitte des Rahmens zwar jeweils dem mittleren Durchschnitt der denkbaren Fälle, sie kann jedoch nicht dem der vorkommenden Fälle entsprochen haben. Das zeigt sich erstens bei den Delikten, bei welchen mehrere Strafarten zur Wahl stehen, was eine anfechtbare Umrechnung zur Ermittlung des Mittelwerts voraussetzen würde, es zeigt sich vor allem statistisch darin, daß weitaus die meisten Straftaten innerhalb dieser Rahmen zur kleineren Kriminalität gehören und daher den Durchschnitt der vorkommenden Fälle weit unter jene Grenze drücken (Exner, Strafzumessungspraxis 59). Die allgemeinen Zumessungsmaßstäbe unterliegen notwendig zeitbedingten Schwankungen, sei es solchen, die eine allgemeine Humanisierung der Strafen erstreben oder die auf veränderter Wertung gewisser Taten im Verhältnis zu anderen mit gleichen oder ähnlichen Strafrahmen beruhen, oder auf Schwankungen der Kriminalität oder erhöhter Anfälligkeit der Sozialordnung oder endlich auf falsch verstandener Milde. Die letztere Tendenz ist abzulehnen, die andern sind berechtigt und der Richter kann sich ihnen nicht entziehen. Gleichwohl halten sich diese Zumessungsschwankungen, denen die Revisionsgerichte, wo es angezeigt erscheint, in geeigneter Weise mit ihren Mitteln Rechnung tragen, stets innerhalb der gesetzlichen Rahmen.

c) Diese sind technisch verschieden aufgestellt, teils durch bloße Bezugnahme auf die allgemeinen Rahmen der Strafarten der §§ 14, 16, 17, 18, 27flg. (z. B. die §§ 145, 154, 242, 370), oder durch Verwendung der allgemeinen Rahmen, jedoch mit eigener Obergrenze (z. B. die §§ 219, 241a IV, 368, 369), umgekehrt auch durch eine eigene höhere Untergrenze unter Verwendung der allgemeinen Obergrenze (z. B. die §§ 146, 223b), endlich durch selbständige Regelung ohne Anlehnung. Unbeschadet der Regelung im einzelnen bilden alle diese Strafrahmen nebst den gesetzlich umschriebenen Strafschärfungs- und Strafmilderungsgründen strafändernden Charakters eine allgemein vorweggenommene gesetzliche Strafzumessung (Schröder, Mezger-Festschrift **1954** 415).

d) Unzulässige Doppelverwertung von Tatbestandsmerkmalen. Eine weitere Bedeutung der Strafrahmen im vorbezeichneten Sinn liegt darin, daß alle Tatumstände, die das Gesetz schon zum Aufbau des gesetzlichen Tatbestandes verwendet und deshalb in der Strafdrohung bereits berücksichtigt, bei der Strafzumessung nicht nochmals — sei es straferhöhend, sei es strafmindernd — herangezogen werden dürfen. Auf der Unzulässigkeit einer solchen doppelten Berücksichtigung hat das RG mit Recht bestanden und die Doppelverwertung eines Tatbestandsmerkmals (im Gegensatz zu seiner besonderen Ausprägung) als Zumessungsgrund stets zurückgewiesen, so z. B. die Auslöschung eines Menschenlebens bei der Tötung (RGSt. **57** 379, JW **25** 2773) oder beim Raufhandel (JW **26** 818 im Gegensatz zu GA **56** 96), die Beweisgefährdung beim Meineid (JW **28** 2976, HRR **1937** 616), die Beweisverkehrsgefährdung bei der Urkundenfälschung (DRZ **29** 410), die Beamteneigenschaft bei den Amtsverbrechen (Sächs. Arch. **11** 225), die Ausbeutung nach § 180 Abs. 3 (HRR **37** 898), das Schlingenstellen nach § 292 Abs. 2 (RGSt. **70** 223). Ebenso verfährt ständig auch der Bundesgerichtshof und die herrschende Meinung.

Dasselbe gilt hinsichtlich der Strafwürdigkeit des Vorgangs überhaupt, z. B. für die Gemeingefährlichkeit, die Verderbnis der Sittlichkeit und der Volkskraft bei Abtreibung (RGSt. **59** 426, DRZ **19** 73), für die Gefährlichkeit des Handelns — nicht eines besonders leichtfertigen — bei der fahrlässigen Tötung (JW **29** 1595), für die Gefährdung des Gemeinwohls bei Steuerdelikten (JW **37** 470), für die Gemeingefährlichkeit bei Brandstiftung (JW **26** 2687), die Geringwertigkeit des Entwendeten bei § 248a, für das Vorschubleisten zugunsten des Diebs bei der Sachhehlerei (JW **25** 1403), für die Gefährdung des Geschäftsverkehrs bei der Untreue (JW **31** 1612), für die Ausbeutung des Publikums beim Glücksspiel (JR **3** 1620), für die Währungsschädigung durch Devisenvergehen (JW **35** 1939), für die Notwendigkeit eines energischen Strafschutzes für Vollstreckungsbeamte (KG JW **28** 1070). Eine scharfe Abgrenzung ist oft kaum möglich — ein wunder Punkt dieser Lehre —. Trägt der Strafzumessungsgrund zur besonderen Kennzeichnung der Einzeltat innerhalb der Tatgruppe wesentlich bei, so muß er zulässig sein.

Anders liegt es aber bei **Steigerungen** und **Abschwächungen in** der Verwirklichung von Tatbestandsmerkmalen, die vom Durchschnitt erheblich abweichen und zur gesicherten richterlichen Überzeugung feststehen, etwa bei besonderer Rohheit des Widerstandes im § 113, bei der als besonders schwer empfundenen Beleidigung (größerer Schaden), beim schweren Diebstahl, der besonders raffiniert ausgeführt wird oder der außergewöhnliche Hartnäckigkeit beweist, nicht jedoch bei bloßen leeren Ausschmückungen („blühendes" Menschenleben, „Mann auf der Höhe seines Schaffens", „rüstiger Greis, nach arbeitsamem Leben die verdiente Ruhe genießend"), die nicht selten vorkommen, aus den Urteilen aber verschwinden sollten, weil sie der Gegenphrase nicht Stich halten. Steht allerdings fest, daß der leere Ausdruck nur für eine treffende und zulässige Erwägung steht, so ist er nicht zu beanstanden (BayObLG NJW **1954** 1211: blühendes Menschenleben, gemeint ist jedoch der Tod des einzigen Sohnes).

e) Regelmäßig ist **die Strafe dem zuständigen Strafrahmen unmittelbar zu entnehmen,** nicht auf dem Wege über eine Hilfserwägung (Sarstedt 186, OGHSt. **2** 247). Bei Strafermäßigung nach den §§ 44, 49, 51 II und beim verschuldeten Verbotsirrtum (BGHSt. **2** 194) ist der abgewandelte Rahmen unmittelbar ins Auge zu fassen, BGHSt. **1** 115, OGHSt. **1** 194, **2** 389, RGSt. **59** 154, JW **35** 1678, **37** 3217. So darf das Gericht nicht zwecks Ermittlung der Versuchsstrafe eine Strafe für die als vollendet gedachte Tat errechnen und diese dann mildern wollen. Das scheitert regelmäßig daran, daß das Aussehen der vollendeten Tat im einzelnen nicht feststehen kann. Zulässig ist ein solches Verfahren ausnahmsweise dann, wenn sich Umfang und Folgen der als vollendet gedachten Tat zuverlässig beurteilen lassen, BGHSt. **1** 115. Die Begründung, dieselbe Strafe wäre auch bei einem rechtlich oder tatsächlich abweichenden Sachverhalt verhängt worden, ist im allgemeinen unzulässig, BGH NJW **55** 1159, so auch bei Gesamtstrafe, BGH LM § 74 Nr. 17.

2. **Bestimmtheit der Strafandrohung.** Was den richterlichen Spielraum bei der Strafbemessung angeht, kennt das Gesetz die absolut bestimmte Strafe, in wenigen Fällen eine relativ unbestimmte Strafe, vor allem jedoch relativ bestimmte Strafdrohungen.

a) **Fest bestimmte Strafe.** Nach der Beseitigung der Todesstrafe sieht im StGB jetzt nur noch der § 211 lebenslanges Zuchthaus als fest bestimmte Strafe vor. Die Strafen, die in Höhe des Mehrfachen oder eines festen Bruchteils eines bestimmten Betrags bestanden (Steuer- und Zollstrafrecht, RGSt. **58** 206, **60** 201, 390) sind durch das Gesetz v. 4. 7. 1939 abgeschafft worden. Soweit sie zulässig waren, konnte der gesetzliche Höchstbetrag der Geldstrafe überschritten werden. Fest bestimmte Strafen hat der Richter als Folge des Schuldspruchs lediglich festzusetzen, weitere Zumessungserwägungen kann er nicht anstellen, ihm steht nur eine feste Strafgröße zur Verfügung. Die Beseitigung der Multiplarstrafen hat die Problematik der fest bestimmten Strafe eingeschränkt, beim Morde besteht sie jedoch noch weiter. Verstand und Rechtsgefühl mögen sich gegen das Netz empören wollen, welches das Gesetz hier über eine Vielzahl freilich durchweg schwerster Taten wirft. Aber die absolute Mordstrafe hat einen metaphysischen und gleichwohl durchaus realen Grund. Die Frage, ob innerhalb des weitgespannten § 211 Fälle denkbar sind, die die Höchststrafe nicht rechtfertigen, kann hier nicht näher erwogen werden. Solange die Todesstrafe bestand, lag sie noch näher. Abstufungen nach Tatschwere und Schuld sind bei allen Lebensvorgängen und auch beim Morde denkbar (BGH 3 StR 221/55 v. 31. 8. 1955). Dem braucht jedoch noch keine Strafabstufung zu entsprechen. Die Unantastbarkeit des Lebens kann sehr wohl die starre Rechtsfolge der Höchststrafe rechtfertigen und das weitere der Gnade anheimgeben, ohne die menschliches Richten niemals auskommt. Die Bürde des Richters, in dessen Hand mehrere Mordstrafen gegeben wären, wäre außerordentlich schwer. Welche Konflikte ihm hier ohnehin erwachsen und unter Umständen zum Ausweichen auf trügerisches Gelände veranlassen mögen, zeigt der Badewannenfall RGSt. **74** 84 (eigenhändige vorsätzliche Tötung als Beihilfe zu fremder Tat) und seine Erläuterung durch Hartung (JZ **1954** 430), aus welcher wir erfahren, in welchen Widerstreit außerrechtliche Rücksichten auch das höchste Gericht zu bringen vermochten. Ein weiteres Beispiel bietet die Vorgeschichte des Falles BGHSt. **3** 183 (vorsätzliche Tötung des tyrannischen Vaters hinterrücks, dazu die Anm. LM § 211 Nr. 16) und vielleicht auch der Fall BGHSt. **6** 120.

b) Völlig unbestimmte Strafandrohungen kennt das StGB nicht. Auch die Große Strafrechtskommission hat sie für Erwachsene in der Form der unbestimmten Sicherungsstrafe abgelehnt (Dreher, Bericht ZStW **66** 572). Völlig unbestimmte Strafen, die das Gesetz weder ihrer Art noch dem Umfang nach begrenzte, würden gegen § 2 II und Art. 103 II GG verstoßen (Maurach 674, Welzel 189). Zur früheren Rechtsentwicklung s. Maurach 674. Das JGG 1953 kennt die Aussetzung der Verhängung der Jugendstrafe (§ 27) und die Verurteilung zu Jugendstrafe von relativ unbestimmter Dauer mit Höchstgrenze (§ 19). Da § 27 die Bestimmung einer richterlichen Bewährungszeit im Urteil und § 19 eine gesetzliche Höchstgrenze vorschreibt, treten jene grundsätzlichen Rechtsbedenken hier nicht auf.

Die gesetzliche Regelung der Strafart genügt den Grenzen der § 2 II, Art. 103 II GG. Die §§ 27c, 85, 98, 101 und § 396 AbgO sehen beispielsweise Geldstrafen in unbeschränkter Höhe vor, geknüpft vor allem an die Voraussetzungen des § 27c. Zu dem weiten Strafrahmen des § 49a hat BGHSt. **1** 131 ausgesprochen, er finde „sein Gegengewicht in verpflichtenden Grundsätzen der Strafbemessung", volle Täterstrafe werde hier nur in ganz besonderen und darum eingehend zu begründenden Ausnahmefällen der Gerechtigkeit entsprechen. Ebenso BGHSt. **1** 308 und Schönke-Schröder 70.

c) Relativ unbestimmte Strafandrohungen sieht das Gesetz weitaus am meisten vor (s. B II 1). Oft stehen mehrere Strafarten und Rahmen zur Wahl. Sollen sie der außerordentlichen Breite des kriminologisch Möglichen gerecht werden, so dürfen sie nicht zu eng sein, jedoch sollten sie mehr als bisher durch benannte Zumessungsgründe unterteilt werden.

d) Soweit **Geldstrafe** nicht ausschließlich angedroht ist, darf sie nur verhängt werden, wenn zur gerichtlichen Überzeugung feststeht, daß der Strafzweck durch sie voll erreicht wird, RGSt. **59** 51, **61** 417, **64** 110. Höhere Einzelfreiheitsstrafen deuten darauf hin, daß das Gericht § 27b nicht anwenden wollte, BGH 4 StR 491/51 v. 29. 5. 1952, LM § 27b Nr. 1. Das Höchstmaß darf auch bei einem besonders wohlhabenden Täter nicht überschritten werden, BGHSt. **3** 259. Auch wo Geldstrafe in unbestimmter Höhe angedroht ist (§§ 27c, 85, 98, 101), gelten als verbindliche Maßstäbe die wirtschaftlichen Verhältnisse des Täters und Tatentgelt sowie Tatgewinn. Näheres bei § 27c. Hamm JMBl. NRW **54** 45 (300 DM bei fahrlässiger Körperverletzung).

3. Strafminderungs- und Straferhöhungsgründe. In vielen Fällen ändert sich der Regelstrafrahmen, ohne Änderung des Tatbestandes im Sinne des § 1 (Dreiteilung), durch das Eingreifen allgemeiner oder besonderer Strafbemessungsgründe, gesetzlicher Zumessungsregeln (Gegensatz: Strafmilderungs- und Strafschärfungsgründe, die tatbestandsändernde Bedeutung haben). Solche Gründe allgemeiner Art sind der § 20a (bestr., so aber BGHSt. **4** 226), die Gewinnsucht des § 27a, der Versuch § 44, die Beihilfe § 49, die §§ 51 II, 55 II über verminderte Verantwortlichkeit, die Jugendlichkeit nach § 4 JGG 1953, § 106 JGG über Heranwachsende, und die Kannminderung nach § 44 beim verschuldeten Verbotsirrtum (BGHSt. **2** 194). Ein besonderer Strafminderungsgrund ist der Eidesnotstand nach § 157 (RGSt. **69** 41, **77** 222). Hierher gehören weiter die benannten Minderungs- und Erhöhungsgründe der §§ 94 (verfassungsverräterische Absicht), 164 III (falsche Anschuldigung, Vorteilsabsicht), 133, 169 (Gewinnsucht), 272 (Vermögensvorteilsabsicht), 157 II (Falschaussage des Eidesunmündigen), 313 (Überschwemmung, Absicht, sein Eigentum zu schützen), 175 II (Absehen von Strafe). Unbenannte Gründe dieser Art sind die schweren Fälle (§§ 153, uneidliche Falschaussage; 267, Urkundenfälschung; 348 IV, Falschbeurkundung im Amt), die besonders schweren Fälle (§§ 263 IV, Betrug; 266 II, Untreue; 292/293, Wilderei, a. M. jedoch BGHSt. **5** 211: benannter Grund; wie hier Maurach 677: indizielle Tatbestandsmerkmale), der minderschwere Fall (§ 218 III), der besonders leichte Fall (§ 175 II) und endlich die mildernden Umstände mit teils zwingender (§§ 244, 243, 266), teils erlaubter Änderung des Regelstrafrahmens (z. B. §§ 187, 246, 263, 333). Manche Einzelheiten dieser systematischen Einteilung sind besonders wegen ihrer Bedeutung für die Dreiteilung der Straftaten (§ 1) strittig.

Diese Strafänderungsgründe brauchen vom Vorsatz nicht umfaßt zu sein, RGSt. **68** 391, JW **36** 1677. Eine gegen sie gerichtete Rüge berührt den Schuldspruch nicht, RGSt. **59** 218, **68** 391, **73** 173. Es bedarf bei ihnen keines Hinweises auf die Änderung eines rechtlichen Gesichtspunktes gemäß § 265 StPO, RGSt. **70** 358, 403. Bei der Einrichtung derartiger außerordentlicher Strafrahmen hat sich die neuere Gesetzgebung verschiedenartiger Wendungen bedient, deren Tragweite im Dunkeln blieb, die die Zumessung nicht erleichtern und teilweise auch gesetzgeberische Aufgaben dem Richter zumuten (Lange, StrÄndG 1952 § 89 VII).

a) Die allgemeinen **mildernden Umstände** berühren nur die Straffrage (RGSt. **59** 217, **60** 115, **68** 391, **69** 49, 169, **72** 207). Sie sind – anders als ihr Vorbild, die circonstances atténuantes des C. P. – nur bei bestimmten Straftaten vorgesehen und sind dann anzunehmen, wenn die Gesamtwürdigung des Verbrechensfalls und des Täters die Straftat in einem so milden Licht zeigen, daß die Anwendung des ordentlichen Strafrahmens zu hart wäre, RGSt. **58** 106, **68** 294; für den ebenso zu behandelnden (vgl. aber BGHSt. **5** 130) „besonders schweren Fall" BGHSt. **2** 181, NJW **52** 593 Nr. 25 und JZ **52** 282, vgl. ferner OGHSt. **1** 244, **3** 126. Mildernde Umstände liegen also in Fällen vor, die sich mit Abstand unterhalb der Mitte des Durchschnitts der gewöhnlich vorkommenden halten, BayObLG HESt. **3** 65, Hamburg HESt. **2** 280, Maurach 679, Dreher NJW **1951** 574. Vgl. dazu II 1 b. Obwohl die „mildernden Umstände" ursprünglich nur für Ausnahmefälle, eben überdurchschnittlich leichte Fälle, bestimmt waren, hat die Rechtsprechung das Verhältnis zwischen dem ordentlichen und dem außerordentlichen Strafrahmen häufig, z. B. beim schweren Diebstahl, umgekehrt, so daß die Annahme m. U. überwiegt und die Strafdrohung des Gesetzes eigentlich berichtigt worden ist. Vgl. II 1 b. Im Gegensatz zu früheren Partikulargesetzen, die eine Reihe von Strafminderungsgründen aufzählten und daran eine Generalklausel schlossen, benennt das geltende Recht solche Minderungsgründe – abgesehen von dem obligatorischen m. U. der Reizung zum Zorn im § 213, BGHSt. **1** 203 – nicht ausdrücklich. Mithin hat das Gericht nach pflichtgebundenem Ermessen und nach den allgemeinen Strafbemessungsgrundsätzen zu verfahren. Dabei sind alle kennzeichnenden Umstände der Tat und des Täters im weitesten Sinn zu verwerten, ohne Beschränkung auf solche mit näherer Tatbeziehung, Welzel 187, Maurach 679, BayObLG HESt. **3** 65, z. B. unverschuldete Anfälligkeit, Übermüdung (wo es angezeigt ist), Affekt, Reizung, Mitleid, Irrtum, Geringwertigkeit, Übereifer, gute Absicht, Ungeschick, gerechter Zorn, Eifer. Die Versuche verschiedener Entwürfe, die m. U. zu umschreiben, haben sich bisher als unzulänglich erwiesen (RR-Vorlage 1924/25: wenn „die Tat hauptsächlich auf Ursachen zurückzuführen ist, die dem Täter nicht zum Vorwurf gereichen"; RT-Vorlage 1927: „wenn bei Abwägung der Strafbemessungsgründe die für eine milde Strafe sprechenden Umstände beträchtlich überwiegen"). So bleibt die Wahl des Strafrahmens Ermessensentscheidung des Gerichts, nur muß es eben alle kennzeichnenden Umstände „in ihrem Zusammenhang, nach ihrer Beziehung zu Tat und Täter und nach ihrem Gesamteindruck" würdigen (RGSt. **48** 310, DR **43** 578). Hierbei können solche, die schon zum Aufbau einer gesetzlichen Strafschärfung oder -milderung verwendet wurden, anders als bei der verbotenen Doppelverwertung von Tatbestandsmerkmalen (II 1 d), zu denen sie nicht gehören, nochmals mit einbezogen werden (z. B. früher die Jugend nach § 9 JGG, RG **48** 308). Bloße Unbestraftheit ist stets nur ein frei zu würdigendes Anzeichen, DR **43** 578. Erachtet das Gericht die Vorbedingungen für gegeben, so muß es mildernde Umstände zubilligen. Übersieht es die vom Gesetz an sich gebotene Möglichkeit, so ist dies ein Revisionsgrund, JW **25** 2138. Im Urteilssatz werden die m. U. nicht erwähnt. Für die Behandlung in den Urteilsgründen gilt § 267 III StPO. Trotz Zubilligung von m. U. muß die Mindeststrafe des Regelstrafrahmens nicht unbedingt unterschritten werden, OGHSt. **2** 62.

b) Ein **„minder schwerer Fall"** findet sich jetzt nur noch im § 218 Abs. 3. Der Begriff war umstritten. Die einen nahmen nach dem Vorschlag von Seuffert, Ein neues StGB für Deutschland 1902 (45) an, es handle sich um einen anderen Ausdruck für mildernde Umstände, anderseits meinte man unter Berufung auf die (unverbindlichen) Motive, der m. s. F. bezöge sich nur auf den äußeren Tatbestand, so daß der Fall schon äußerlich besonders mild liegen müsse (RGSt. **59** 238; VGH für § 84 in DJ **36** 1164; Maurach 687, Bockelmann, Täterstrafrecht I 58 und Köhler, Lehrb. 683, der nur den äußeren Tatbestand entscheiden läßt und daher neben dem m. s. F. noch m. U. zulassen will). Diese Einschränkungen finden im Gesetz keinen Anhalt; in

BGHSt. **4** 8 ist der Streit dahin entschieden, daß alle Umstände, die einen Schluß auf die Täterschuld ermöglichen, zu beachten sind. Der m. s. F. deckt sich infolgedessen sachlich, wenn auch nicht technisch (z. B. für § 32: RGSt. **59** 239) mit dem der mildernden Umstände. Wie hier Schönke-Schröder VII 2 vor § 13. Vgl. noch Hamburg HESt. **2** 181.

c) **„Schwere Fälle"** finden sich in den §§ 153, 267, 348, außerdem in benannter Form (Gewinnsucht, einschlägige rechtskräftige Gefängnisvorstrafe) bisher im § 25 WiStG in d. Fassung v. 25. 3. 1952. Auch für sie gelten die Ausführungen zu a und b sinngemäß.

d) Der **„besonders leichte Fall"** ist im § 175 II vorgesehen. Derartige Fälle liegen, da hier von Strafe abgesehen werden kann, an der Untergrenze der kriminalpolitisch noch strafwürdigen Fälle. Um sachlich dasselbe handelt es sich in § 90 V und in § 129 III, wo ebenfalls von Strafe abgesehen werden kann („Schuld gering", „Beteiligung von untergeordneter Bedeutung").

e) Die **„besonders schweren Fälle"** machen so, wie das Gesetz sie jetzt vorsieht, dogmatisch und rechtspolitisch die meisten Sorgen, weil hier das richterliche Ermessen darüber entscheidet, ob Vergehen mit Strafen geahndet werden, wie sie für schwere Verbrechen üblich sind, ohne daß dafür tatbestandliche oder jedenfalls zumessungsmäßige Anhaltspunkte aufgestellt sind. Diese Fälle waren dem StGB zunächst fremd; im Nebenstrafrecht traten sie zunächst in der WuchergerichtsVO v. 27. 11. 1919 (Art. II §§ 2, 3) auf, dann bei den Wirtschaftsvergehen in Notzeiten, in nebengesetzlichen Untreuevorschriften und in den Devisengesetzen (RG JW **35** 1939, **36** 3547, DR **40** 364). Im StGB wies sie zuerst § 210a i. d. F. v. 30. 4. 1926 auf (Zweikampf), jedoch nur hinsichtlich von Nebenstrafen (dazu Frank 440). Jetzt finden sie sich als meist unbenannte Straferhöhungsgründe in den §§ 89, 90, 90a, 91, 92, 100d, 129 (hier aber Vergleichsmaßstab: Rädelsführer), 316a, 317, 241a, 49b, 139a, 223b, 240, 263, 266, 281, 315, 292 („insbesondere", dazu BGHSt. **5** 211: benannter Grund, a. M. Maurach 677). Die „besonders schweren Fälle" bedürfen der Reform, zumindest der beispielsweisen Verdeutlichung, wenn nicht überhaupt der Auflösung in tatbestandsändernde Schärfungsmerkmale (dazu Lange-Kohlrausch § 1 Anm. 5, § 263 Anm. VIII und StrÄndG § 89 Anm. VII). Sie sind in der Praxis so verhältnismäßig selten, daß dem Gesetzgeber die nähere Bestimmung zuzumuten ist, ohne daß die Schlagkraft des Gesetzes darunter litte.

Sachlich sind diese Fälle das Gegenstück zu den besonders leichten Fällen. Auch sie bilden bloße Strafbestimmungsgründe, BGHSt. **3** 47, **2** 181, **4** 227, RGSt. **69** 168, 53, **72** 207, HRR **35** 983, **40** 1214, JW **35** 1939. Eine weitere Frage ist es, ob die erschwerenden Tatumstände dem Täter bekannt gewesen sein müssen. Der Schuldgrundsatz fordert es an sich; bloße Erfolgsqualifizierungen können nicht in Betracht kommen (Frank Nachtr. 13, RG DJ **36** 1036, a. M. RGSt. **68** 391, JW **1938** 504). Jedoch muß hier, was die äußeren Tatumstände und gewisse Tatfolgen angeht, das im § 56 ausgesprochene Prinzip genügen.

Die Beurteilung richtet sich auch hier nach einer umfassenden Würdigung aller Tat- und Täterumstände. Ein besonders schwerer Fall ist gegeben, wenn die Tat nach allen Umständen die erfahrungsgemäß gewöhnlich vorkommenden und deshalb bei Festsetzung des ordentlichen Strafrahmens schon bedachten Fälle an Strafwürdigkeit so übertrifft, daß der ordentliche Strafrahmen zur Sühne nicht ausreicht, BGHSt. **5** 130. Dies entspricht ständiger Rechtsprechung, BGHSt. **3** 47, **2** 181, NJW **52** 593, NJW **1953** 1480, RGSt. **73** 176, **69** 169, 242, DR **43** 139. Die Straffolge ist für jeden Teilnehmer gesondert zu untersuchen, RGSt. **38** 497, **69** 170. Das RG erkannte besonders schwere Fälle u. a. an bei „fühlbarem" oder „spürbarem" materiellem Schaden (RGSt. **68** 220, **69** 241), bei ideellen Nachteilen „ernsterer Natur" (RGSt. **69** 249, HRR **35** 1353). Die Tatfolgen wurden in den Vordergrund gerückt, teils in Anlehnung an die durch das 3. StÄG inzwischen gestrichenen gesetzlichen Beispiele der Schädigung des Volkswohls, der besonderen Arglist (RGSt. **69** 363, JW **1934** 2851, HRR **35** 1278, **40** 1271) und des besonders großen Schadens in den §§ 263, 266 (RGSt. **68** 220, **73** 174, JW **1939** 402), oder bei erheblicher devisenwirtschaftlicher Schädigung (RG JW **36** 463, HRR **36** 1606). In Betracht kommen weiter eine besonders gefährliche oder gemeine Begehungsweise (§§ 292, 293), die Art der Verwendung veruntreuten Geldes (RGSt. **73** 176), die Ausplünderung armer oder unwissender Leute, und auch persönliche Umstände (besondere Arglist, Durchtriebenheit, Verbrechensintensität, Planmäßigkeit, grober Vertrauensmißbrauch, besonders große Pflichtwidrigkeit, ein nichtswürdiger Beweggrund). Das einzelne ist Tatfrage, RG JW **1934** 2067. Bei Tateinheit ist jeder Tatbestand, der die Straferhöhung vorsieht, selbständig daraufhin zu prüfen, RGSt. **71** 104, JW **1938** 2467 (Meineid und Betrug), DR **1943** 757. — Die Annahme eines besonders schweren Falls ist nur in den Urteilsgründen darzulegen, RGSt. **69** 168.

III. Die Tat. Die Tat ist nicht der bloße Anlaß einer nach andern Maßstäben anzusetzenden Sicherungsstrafe, sondern der Hauptgegenstand der Schuldstrafe. Daher muß sich die Ermittlung von Strafbemessungspunkten zunächst an den äußeren Hergang und seine Besonderheiten halten, ohne sich dabei auf das nur Tatbestandsmäßige zu beschränken. Eine allgemeine Wertung und Abstufung des Tatunrechts liegt bereits in den Strafrahmen, in der Art und Höhe der Strafdrohung. Sie ist schon oben zu B II1 besprochen. In Betracht kommen nunmehr vor allem:

1. Die **Art der Rechtsverletzung.** Da die besonders sozialschädliche Tat bestraft wird, entscheidet hier überwiegend nicht das Interesse des Betroffenen, sondern das der Allgemeinheit, soweit das Gesetz die Belange des Verletzten nicht selbst voranstellt (Strafantrag). Umstände, wie die höhere Befriedung des angegriffenen Gegenstandes oder dessen besondere Schutzbedürftigkeit berücksichtigt meist schon das Gesetz bei der Tatbestandsformung. Beachtlich ist hier jedoch, daß Grade der Rechtswidrigkeit bestehen, welche die Strafwürdigkeit der Tat sachlich in ein anderes Licht rücken können. Die begrifflich einheitliche Rechtswidrigkeit ist je nach Lage des Falles stark abstufbar (Nagler ZAkDR **40** 384, Zimmerl, Aufbau 65, 88, 98, 100, 128, Kern ZStW **64** 254, Beling, Verbrechenslehre 168, Mezger bei Kern 255, Sauer KrimSoz. **1933** I 80, Welzel ZStW **58** 536, Engisch MKrimBiol. **1938** 33, Nowakowski SchwZStr. **1950** 303). Das Unrechtsurteil, das die Rechtsordnung objektiv über Tat und Täter, also über die äußeren und inneren Tatmerkmale fällt, bleibt bei der formalen Einreihung als Unrecht nicht stehen und stimmt mit ihr nicht voll überein. Die feineren, für die Strafzumessung wichtigen Unterscheidungen setzen hier erst ein. Je mehr sich die Sachlage einem Rechtfertigungs- oder Entschuldigungsgrund nähert, um so schwächer wird das Unwerturteil, auch innerhalb desselben Deliktstyps, und umgekehrt. Beispiele bei Kern a. a. O., die allerdings nur Anhaltspunkte bieten und jeweils selbständig durchdacht werden müssen: verbotenes Handeln gegen den Willen des Verletzten und nur ohne seinen Willen (Hausfriedensbruch); Züchtigung eines Kindes für die züchtigungswilligen Eltern und gegen deren Willen oder sogar gegen deren erklärten Willen; private Festnahme eines Verbrechers unter Umständen, die nur die Polizei dazu berechtigen; Abtreibung an Stelle der an sich gebotenen ärztlichen Schwangerschaftsunterbrechung (BGHSt. **2** 242), jedoch tritt hier dem vom Objekt her geringeren Unrecht unter Umständen das einer erhöhten Gefahr gegenüber; die Einwilligung der Schwangeren, weil selbst unerlaubt, ist überhaupt ohne Belang; Notwehrüberschreitung und Handeln außerhalb von Notwehr; die Verletzung von Sonderpflichten statt schlichter Achtlosigkeit; Tötung auf das Verlangen des unheilbar Leidenden oder des Gesunden; private Festnahme des Schwerverbrechers statt schlichter Freiheitsberaubung; unerlaubte Wegnahme einer Sache, auf die ein Anspruch besteht (verbotene Selbsthilfe); Wegnahme zu vernichtender oder an sich gefährdeter Sachen (Vorsicht!); Rechtsgutverletzung statt bloßer Vorbereitung dazu oder statt Versuchs; Versuch am untauglichen Gegenstand statt mit untauglichen Mitteln; häufig bei handelnder Tatbegehung statt bloßen Unterlassens, soweit Unterlassen geringere verbrecherische Energie voraussetzt (jedoch: Verhungernlassen des Kindes, um es zu töten); Stufen der Teilnahme; Verhalten des Verletzten (Reizung, Einwilligung, mitwirkendes Verschulden). Das Gesetz selbst sieht solche Abstufung vor beim Versuch, bei der Teilnahme an der echten Sonderstraftat und in den §§ 199, 233 (Kompensation), 213 (Reizung zum Zorn), 175 II. Allgemein läßt sich sagen, je starker geschützt und höher bewertet das angegriffene Rechtsgut ist, je größer der eingetretene Schaden, je rücksichtsloser das Ziel erstrebt worden ist, umso schwerer wiegt der Rechtsbruch. Vielfalt, Gründlichkeit und Umsicht bei der Tatvorbereitung, die Verletzung besonderer Pietäts- oder Rechtspflichten, der Bruch besonderer Treu- oder Vertrauensverhältnisse, der Mißbrauch von Abhängigkeiten oder der Amtsgewalt wirken erschwerend. Verwandtschafts-, Ehe-, Freundschafts- oder Sympathiebeziehungen werden bald erschwerend, bald mindernd ins Gewicht fallen. Sie können die Pflicht zur Rücksichtnahme steigern, aber auch wieder feste Schranken lockern. Je wichtiger der anvertraute Pflichtenkreis ist, umso schwerer wiegt die Entgleisung. Stellung und soziales Ansehen verpflichten. Die Teilnahme an Massenverbrechen (Landfriedensbruch) steigert die Schwere des Rechtsbruchs bei den Drahtziehern, sie kann sie bei denjenigen mildern, die der Verlockung unterliegen (z. B. einerseits Jugendliche, anderseits politisches Gewinnstreben). Dazu OGHSt. **2** 153, 384. Die Bewertung überschneidet sich im einzelnen mit der Schuldbewertung. Die inneren Bewertungsmerkmale gehören dorthin (s. B IV).

Bei den **Wirtschaftsvergehen** kommt es objektiv auf den Grad der Gefährdung der Bewirtschaftung an (Art und Umfang der Störung, wirtschaftliche Folgen, insbesondere für die Währung, für Preise und Löhne, für die Versorgung der wirtschaftlich Schwachen, die Gefahr der Nachahmung).

Im **Ordnungsstrafrecht** gilt, soweit es zur gerichtlichen Bußgeldverhängung kommt, an sich dasselbe. Jedoch fehlt hier wohl meist der Anhalt an der gesetzlichen Einschätzung des angegriffenen Rechtsguts. Dieses ist hier stets die öffentliche Ordnung in der jeweiligen Ausprägungsform. Der Ordnungsverstoß ist reine Unbotmäßigkeit. Daher tritt als Maßstab an die Stelle der Rechtsgutverletzung hier der Grad der Unbotmäßigkeit, das Maß der Ordnungsstörung.

2. Teilnahmeformen. Tatformen

a) Für die **Teilnehmer** an einer Straftat gilt der Grundsatz der persönlichen Haftung. Jeder wird nach dem rechtswidrigen Verhalten bestraft, das gerade er geplant und gezeigt hat; jeder haftet nach seiner Schuld (§ 50), Köln JR **47** 124, und seinem eigenen Tatanteil unbeschadet der gesteigerten Gefährlichkeit der Tat bei Beteiligung mehrerer überhaupt, BGHSt. **1** 47, 369. Dieser Grundsatz wirkt bei dem Gehilfen dahin, daß ihm sein eigener Wirkungsbeitrag anzurechnen ist, ferner dasjenige, was mit seiner Kenntnis oder pflichtwidrigen Nichtkenntnis (§ 56) von andern Beteiligten bewirkt wird. Jeder Mittäter hat nicht bloß für seinen eigenen Tatanteil einzustehen, sondern auch für die von den anderen entfaltete und von ihm gewollte und gebilligte Mitwirksamkeit; die Werbung von Tatgenossen läßt sich als Strafzumessungsgrund besonders berücksichtigen, RGSt. **26** 106. Der führend Beteiligte verdient höhere Strafe, OGHSt. **2** 151. Der Anstifter hat das von ihm hervorgerufene Verbrechen zu vertreten, außerdem fällt ihm der Mitschuldanteil zur Last nach Maßgabe seiner verbrecherischen Einwirkung auf Täter und Gehilfen, so daß den Urheber des Planes, der die übrigen verführte, eine Straferhöhung im Verhältnis zum Täter treffen kann. Allerdings können der Anstiftung zur zunächst nur vorgestellten Tat geringere Hemmungen entgegenstehen als ihrer Ausführung. Auch hier ist alles Tatfrage.

b) Beim **Versuch** bildet die geplante Vollendung wegen des darauf gerichteten Vorsatzes den wichtigsten Richtpunkt, mag das Gericht die Strafe mildern oder nicht (§ 44). Dabei wird — soweit keine absolut bestimmte Strafe zu verhängen ist — allerdings vorausgesetzt, daß sich Art und Umstände der Ausführung und des Erfolgs schon erkennbar genug abzeichnen, RGSt. **59** 155, JW **37** 2374, DR **42** 329, RGSt. **35** 282, BGHSt. **1** 115. Entfällt dieser Anhalt für die Bewertung (JW **36** 2553, DR **42** 329), so bildet allein die Planung mit der wirklichen Tatentwicklung zusammen die Grundlage der Strafbemessung (vgl. § 47 Ziff. a östr. StGB). Dieser Vorgang ist insgesamt zu würdigen. Die einseitige oder vorwiegende Betonung nur der Schulderwägungen wäre ungerecht, die objektive Schwere des Angriffs muß mit berücksichtigt werden (Nagler GerS **115** 33).

Mit dem Fortschreiten der Verursachung wächst die Gefahr und die Strafbarkeit. Nur ausnahmsweise — bei starker Annäherung an die Tatvollendung — darf hilfsweise die Vollendungsstrafe erwogen und die Versuchsstrafe danach abgestuft werden (dazu BGHSt. **1** 115, RGSt. **35** 238, **53** 112, **59** 154). § 44 verlangt andererseits nicht, daß in einem solchen Ausnahmefall dann gegenüber dieser hypothetischen Vollendungsstrafe eine Milderung eintreten müsse, wie ja auch innerhalb des milderen Strafrahmens das Gericht den Gehilfen unter Umständen überhaupt härter strafen kann als den Haupttäter, RGSt. **2** 283, **35** 282, **53** 112.

Der **beendete Versuch** ist psychologisch von anderer Art als der unbeendete: der Täter meint, alles zum Erfolg Erforderliche getan zu haben. Auf einen höheren Schuldgrad braucht dies jedoch nicht unbedingt hinzudeuten, denn wenn der Täter hier auch nicht mehr Herr der Lage zu sein glaubt und damit der verbrecherische Wille durchschnittlich seinen Höhepunkt erreicht hat, so kann doch die Unerschütterlichkeit und Verwerflichkeit des Tatentschlusses auch schon vorher bestanden und fortgedauert haben. Eine durch äußere Umstände frühzeitig unterbrochene Handlung kann auf starkem Tatwillen beruhen, die vollendete Handlung beim beendeten Versuch auf nur geringem. Unter einem anderen Blickwinkel scheiden sich hinsichtlich ihres Schuldgehalts die Fälle, in denen der Zufall die Vollendung hinderte, von denen, wo die Intelligenz des Täters bei Anlage und Durchführung der Straftat oder seine Energie versagte (Unentschlossenheit, Schwäche oder Unsicherheit des Willens, Affekt).

c) Dauerstraftat. Hier hält der Täter einen gesetzlich mißbilligten Zustand bewußt aufrecht (Maurach 597), während er beim bloßen Zustandsdelikt (Doppelehe, § 171, Personenstandsverletzung, § 169) nur diesen Zustand schafft und damit die Tat aus der Hand gibt. Äußerlich wächst hier der Unrechtsgehalt mit der Dauer des rechtswidrigen Zustandes, eine Abstufung ist kaum erkennbar. Innerlich liegt es jedoch verschieden. Bei den Zustandstaten kann es den Täter nicht belasten, daß er den einmal bewirkten Zustand nicht beseitigt, wohl aber entlasten, wenn er es tut (Wiedergutmachung, Sühne). Bei den Dauerstraftaten (Freiheitsberaubung, Fahnenflucht, Besitz von Diebsgerät, Kindesgefährdung, § 170d) ist das immer erneute willentliche Aufrechterhalten des rechtswidrigen Zustandes unrechtserhöhend, jedoch dann möglicherweise weniger belastend, wenn der Täter nur nicht wagt, dem einmal bewirkten Zustand wieder abzuhelfen, soweit damit Nachteile für ihn verbunden sein können.

d) Auch die **fortgesetzte Tat** enthält schon äußerlich wegen der Vielzahl der unselbständigen Rechtsverletzungen erhöhtes Unrecht. Für den richtig verstandenen Gesamtvorsatz, der von vornherein eine Mehrzahl gleichartiger Rechtsverletzungen bis zu dem erstrebten Gesamterfolg einschließt, gilt grundsätzlich dasselbe, weil er erhöhte Tatenergie voraussetzt und weit mehr Hemmungen zu überwinden hat. Deshalb belastet ein festgestellter Gesamtvorsatz unter den meisten Umständen schwerer (BGHSt. **2** 163, 167 für Sittlichkeitsverbrechen, RGSt. **75** 207 für § 183), so daß dessen Voraussetzungen, auch in psychologischer Beziehung (plötzlich auftretende Sinnenlust), sorgfältig abzuwägen sind.

e) Bei **Tateinheit** treten zu den Merkmalen des Gesetzes, welches die schwerste Strafe androht, diejenigen des milderen hinzu, ihr Unrechtsgehalt ist daher regelmäßig größer. Dies kann und wird häufig straferhöhend wirken, OGHSt. **2** 393, BGH in ständiger Rspr., RG JW **1925** 487. Im allgemeinen ist der Ausspruch, daß dieselbe Strafe auch ohne nachgewiesene Tateinheit verhängt worden wäre, daher fehlerhaft, RGSt. **70** 403, **71** 104, HRR **1937** 1053. Jedoch machen sich hier auch praktische Erwägungen geltend. Ist das tateinheitliche Zusammentreffen ohne oder von geringer Bedeutung und entspricht die verhängte Strafe offensichtlich dem Unrechtsgehalt der erwiesenen Tat, so besteht zur Beanstandung kein vernünftiger Anlaß.

3. Die **Tatausführung** bietet weitere äußere Anhaltspunkte. Das Aufsuchen und raffinierte Herbeiführen einer Tatgelegenheit oder die Ausnutzung jeder sich bietenden günstigen Lage im Gegensatz zur bloßen Gelegenheitstat, die Wehrlosigkeit oder Hilfsbedürftigkeit des Angegriffenen (Kinder, Kranke, Gebrechliche, Schlafende, Vertrauende, in Abhängigkeit vom Täter Stehende), die Gefährlichkeit, Frivolität, Unredlichkeit des Vorgehens (z. B. Täuschung, Verstellung, Verschlagenheit, RG DR **44** 443: Beischlafsbetrug), die Niedertracht oder Schimpflichkeit der Angriffsweise (gefährliche Tatmittel; Gewalt bei § 242; RG JW **1936** 737, gesteigerte Gewalt bei § 249; Waffenverwendung; Tauglichkeit des angesonnenen Tötungsmittels bei § 49a, BGH LM § 267 III StPO Nr. 23, bei Wortdelikten Begehung durch die Presse), die Hinterhältigkeit, Ruchlosigkeit, Rücksichtslosigkeit oder Roheit (RG DR **43** 754, Roheit der Körperverletzung), womit die Tat ins Werk gesetzt wurde, sprechen hier gegen den Täter. Je mehr Tathindernisse entgegenstanden, um so stärker fällt der Rechtsbruch ins Gewicht. Infolgedessen ist die Begehung durch **Unterlassung** oft weniger strafwürdig als die durch Handeln (Nagler GerS **111** S. 121 mit Schrifttum). Regelmäßig wirkt auch die Beteiligung mehrerer wegen der gesteigerten Kraft des Angriffs straferhöhend (arg. § 223a: „gemeinschaftlich", §§ 243 Ziff. 6, 250 Ziff. 2: „Bande"). Dies gilt oft für Massenverbrechen wegen der Dynamik der Menge, der Wucht ihres Krafteinsatzes, der drohenden Verheerungen, der Entfesselung der Leidenschaften und Grausamkeit (Nagler GerS **95** 177). Jedoch können massenpsychologische Einflüsse auf Verführte die Strafe auch mildern, OGHSt. **3** 119 (Landfriedensbruch). Obwohl Ort und Zeit im allgemeinen das Gewicht des Rechtsbruchs nicht beeinflussen, kann es doch Fälle geben, wo sie Bedeutung gewinnen. Die geflissentlich heimliche Begehung bei Nacht (arg. §§ 243 Ziff. 7, 250 Ziff. 4, 292 Abs. 2, 293 Abs. 3) oder an einsamen Orten kann Gefährlichkeit und Verschlagenheit des Anschlags bedeuten; anderseits kann aber auch die Verübung am lichten Tage oder an öffentlichem Orte besondere Rücksichtslosigkeit anzeigen oder in weiten Kreisen die Beunruhigung steigern. Es kommt darauf an, was hinter dem Vorgang steckt. Auch der Fortsetzungszusammenhang kann die Hartnäckigkeit des Angriffs bezeugen, die Begehung an einem mit besonderem Rechtsfrieden bewidmeten Orte (in einer Kirche: §§ 167, 243 Ziff. 1, im Gerichtssaal) besonders verwerflich sein.

4. Auch der **Zeitpunkt** der Tatausführung, also der Zeitraum oder der Augenblick der Erfüllung des Tatbestandes kann von Bedeutung sein, etwa bei inzwischen eingetretenen äußeren oder inneren Wandlungen, die eine andere Gesamtbeurteilung rechtfertigen. Die Tat muß daher immer aus den Umständen ihrer Begehung heraus begriffen werden. Ihr Unwert wie ihr Schuldgehalt kann nur richtig gewürdigt werden, wenn sich der Beurteiler in die damalige Sach- und Rechtslage einfühlt. Ein nachträglicher Hinzutritt der Schuld oder einer schwereren Schuldart zu der in Gang befindlichen Tatbestandsverwirklichung ist zu berücksichtigen, auch dergestalt, daß eine vorausgegangene, rechtsgutgefährdende Tätigkeit zur Rückgängigmachung des angestoßenen Ursachenablaufs verpflichtet, so daß die schuldhafte Nichtabwehr des drohenden rechtswidrigen Erfolgs die Strafbarkeit begründet (RGSt. **18** 98, **20** 131, **60** 77: vorsätzliche Brandstiftung durch Unterlassen des Löschens, nachdem versehentlich ein Funken aus der Pfeife ins Stroh gefallen war).

5. Geschütztes Rechtsgut. Verletzter. Tatopfer. Daß das Gesetz das Grundschema der Bewertung der strafrechtlich geschützten Rechtsgüter in den Strafrahmen selbst schafft, wobei die kulturelle und die strafrechtliche Bewertung nicht übereinstimmen, wurde schon erwähnt. Darin wird der Angriffsgegenstand der Tat für die Strafbemessung bedeutsam. Hinzu treten jedoch die besonderen Abstufungen im Einzelfalle, die hier naturgemäß meist erschwerend, wenn auch nicht ausschließlich in dieser Weise, zur Geltung kommen. Soweit nicht schon im Tatbestand bewertet, oder daneben in Gradunterschieden, kommt in Betracht, ob sich die Tat gegen arme oder alte und hilflose Personen richtet, gegen ein Kind (Diebstahl), gegen die geringen Ersparnisse eines Rentners (Diebstahl, Betrug), einer alleinstehenden Frau (Heiratsschwindel), ob sie einen Gegenstand besonderer Verehrung betrifft, oder den Angegriffenen bei der Erfüllung einer öffentlichen Pflicht (Polizeibeamter bei Verkehrskontrolle, BGHSt. **6** 398, §§ 43, 223a, 222), ob sie öffentliche Einrichtungen angreift oder Mittel, die für einen guten Zweck gesammelt sind. Eigenschaften des Tatopfers: BayObLG NJW **54** 1211.

6. Tatfolgen, Schaden, Wiedergutmachung. a) Die Tatfolgen und der durch die Tat verursachte Schaden unterliegen im Einzelfall der mannigfachsten Abstufung vom schwersten Erfolg bis zum Ausbleiben nachteiliger Folgen. In Betracht kommen ausschließlich verschuldete Tatfolgen (s. unten). Ob der Brandstiftung nur eine Hütte oder ein Häuserblock zum Opfer fällt, ob mehrere Menschenleben zu beklagen sind, ob das verletzte Kind dauernden körperlichen oder seelischen Schaden davonträgt, ob es sittlicher Gefährdung ausgesetzt ist, ob viel oder wenig Geld entwendet worden ist, alles das wird die Strafbemessung regelmäßig beeinflussen. Dasselbe gilt für die Dauerstraftat und für die Fortsetzungstat, für die hartnäckige Aufrechterhaltung eines rechtswidrigen Zustands, für Tateinheit und Konsumtion (RGSt. **26** 314, **63** 424, HRR **39** 471), beim Gefährdungsverbrechen gilt es für die Größe der heraufbeschworenen Gefahr (Art und Gegend der Kindesaussetzung). Im allgemeinen wird die Tatschwere mit der Entwicklung zur tatbestandsmäßigen Vollendung zunehmen, abgesehen davon, daß zu dieser Steigerung meist auch größere verbrecherische Energie gehört. In diesem Sinne belastet der Erfolg die Tat, wie er sie auch entlastet (Klee StrAbh. **14** 62). Neben dem sachlichen Schaden und neben persönlichen Schadensfolgen, auch solchen innerer Art, ist der allgemeine ideelle Schaden zu berücksichtigen, nämlich die Minderung der Autorität des Rechts, des Vertrauens in seine Verbindlichkeit und Kraft, die geschützten Rechtsgüter wirksam zu verteidigen — gerechte Würdigung vorausgesetzt —, die Beeinträchtigung der Rechtssicherheit und des Rechtsfriedens (allgemeine Beunruhigung, vgl. aber Bremen MDR **49** 504), die Herabsetzung öffentlicher Einrichtungen, die Steigerung der allgemeinen Verbrechensneigung durch das schlechte Beispiel. Bei Notständen (Bränden, Überschwemmungen, Fliegerschäden, im Kriege) und überhaupt in Krisenzeiten, wenn besondere allgemeine Gefahren drohen, tritt der äußere Taterfolg dieser Art besonders hervor, Nagler GS **114** 140. Hier liegt meist auch der Ansatzpunkt, der es erlaubt, nicht unmittelbar verschuldete Einzelfolgen der Tat gleichwohl schuldgerecht zu ahnden, denn es ist auch außerhalb von Krisenzeiten jedem bekannt, daß schwere Tatfolgen, die nicht angemessen geahndet werden, die allgemeine Rechtstreue beeinträchtigen können.

Über Vermögensschäden s. RG DR **44** 443, KG HRR **40** 1214. Schaden ist die Beeinträchtigung bei Tatbeendigung; mindert er sich nach der Tat durch Bemühungen des Täters, so wird dies ins Gewicht fallen, mindert er sich aus andern Gründen, so kann auch das heranzuziehen sein. Schon die Gefahr, Ansprüchen ausgesetzt zu sein, die nicht offensichtlich unbegründet sind, stellt einen Schaden dar, der dem Nennwert des Anspruchs allerdings meist nicht gleichkommen wird (Anhaltspunkt: Höhe der zunächst aufzuwendenden Kosten der Rechtsverteidigung). Erlangt der Geschädigte für sein Bargeld nur Ansprüche (Untreue durch Kreditüberschreitung, Wechsel, Scheck), so besteht der Schaden im wirtschaftlichen Minderwert des Anspruchs, bewertet nach der sofortigen Verwertbarkeit, unter Umständen auch in einer allgemeinen Ansehensminderung einer Bank oder Sparkasse. Daß die Tat ohne Schadensfolgen geblieben ist, darf strafmindernd, daß sie von starker Energie getragen war, straferhöhend verwertet werden, RGSt. **44** 256. Wegen des Schadens bei Sittlichkeitsverbrechen s. RG JW **1939** 752. Auch hier kann eine erhebliche Abstufung Platz greifen. — Eine Tat kann, abgesehen von einer öffentlich nachteiligen Wirkung, auch weitere Rechtsgüter gefährden (RGSt. **77** 133, Beleidigung durch Ehebruch). Solche Folgen drohen besonders bei Sittlichkeitsverbrechen an Kindern, bei der gleichgeschlechtlichen Unzucht zwischen Männern, bei Untreue, Bestechung und Bestechlichkeit, überhaupt bei Amtsstraftaten.

b) Nur verschuldete Folgen treffen den Täter. Wird schon der Schuldspruch vom Schuldgedanken bestimmt, und ist auch die Strafe eine durch das Maß des Verschuldens nach oben hin begrenzte Schuldstrafe, so darf die Strafbemessung diesen obersten Grundsatz nicht ändern und nicht unverschuldete Folgen straferhöhend einbeziehen. Ein Strafrecht, das nur die im Sinne des § 56 verschuldete Todesfolge zur Schuld zurechnet (§ 226), muß daran auch bei der Straffestsetzung festhalten, die den Schuldspruch nur mit der gerechten Strafsanktion zu versehen hat. Es darf nicht mit der einen Hand nehmen, was es mit der andern gegeben hat. Das darf als herrschende Meinung gelten (Maurach 688, Welzel 188, Dreher, Strafe 101). Wenn BGHSt. **3** 179 unter Berufung auf RGSt. **58** 109 (dazu unten) ausführt, die Grundlage der Strafzumessung bildeten „die Bedeutung der Tat für die durch sie verletzte Rechtsordnung und der Grad der persönlichen Schuld des Täters", so ist damit, zumal der BGH (BGHSt. **2** 194) unter Schuld strikt Vorwerfbarkeit versteht, kaum etwas Abweichendes gemeint, andernfalls wäre der Entscheidung nicht zu folgen. Wenn es darum geht, an der entscheidenden Stelle der Strafbemessung die vom Schuldprinzip gebotene Folgerung zu ziehen, ist ein Kompromiß ausgeschlossen. Die Gegensätze mildern sich jedoch bei zutreffender Beachtung der Reichweite des Verschuldens, besonders der voraussehbaren sozialen Reichweite der Tatwirkung. Der Grundsatz des § 56 darf nicht zu eng verstanden werden. Fahrlässig handelt z. B. im allgemeinen auch, wer nicht bedenkt, daß ein Faustschlag an die Schläfe weitere Ursachen auslösen kann, die zum Tode führen und anderseits, daß jede Roheitstat mit Todesfolge, die nicht streng geahndet wird, die allgemeine Rechtstreue gefährdet. Jedermann hat sein Tun den sozialen Erfordernissen schlechthin anzupassen. Die Entscheidung BGH 2 StR 400/54 v. 5. 4. 1955, welche in einem Falle, in welchem die Voraussetzung des § 56 hinsichtlich der Todesfolge angeblich nicht vorlag, ausführt, § 56 verbiete nicht, den Todeserfolg bei der Strafzumessung nach § 223 zu berücksichtigen, ist daher nur im Ergebnis, nicht in der Begründung zu billigen. Die frühere Rechtsprechung, die auch die unverschuldete „objektive" Schwere des Rechtsbruchs straferhöhend heranzog (z. B. RG JW **33** 1131, **36** 3457, anders schon RG HRR **35** 1278), ist überholt. Schon der Entwurf 1927, § 69, stellte nur auf die verschuldeten Tatfolgen ab und schloß den Zufall aus, und schon in RGSt. **58** 109, auf welche Entscheidung sich BGHSt. **3** 179 mißverständlich beruft, wird „die Höhe des Verschuldens und die Bedeutung der Tat für die ... verletzte Rechtsordnung" vor allem als „Grundlage für die Bemessung des ... Strafrahmens durch den Gesetzgeber" bezeichnet. Darin kommt deutlich zum Ausdruck, daß das äußere Gewicht der Rechtsverletzung vorwiegend in den Strafrahmen zur Geltung kommt, während dem Täter für die Einzelbestimmung der Strafe alles das anzurechnen ist, womit er gerechnet hat oder bei gehöriger Sorgfalt in dem ausgeführten sozialethischen Sinne hätte rechnen müssen. Die Gegenansicht führt dazu, alle Tatfolgen ohne jede Rücksicht auf die Schuld straferhöhend heranzuziehen. Das ist abzulehnen. Ebenso ausdrücklich OGHSt. **2** 98, 103 (kinderreicher Vater als Tatopfer).

7. Mitwirkendes Verschulden Anderer, vor allem des Verletzten, kann Strafminderung begründen, indem es Hemmungen beseitigt, sogar zur Tat anreizt, die Versuchung erhöht, die Tatfolgen erschwert. Jeder muß sich auch selbst möglichst vor Schaden bewahren (RGSt. **50** 41) und ein Verhalten unterlassen, das andere in Tatversuchung führt (Herumliegenlassen wertvoller Sachen, aufreizendes Benehmen, auffällige, zu unrichtigen Schlüssen verleitende Kleidung). Das einzelne ist Tatfrage. Das Maß des fremden mitwirkenden Verschuldens bedarf im Einzelfalle genauer Abwägung. Andererseits kann von einem Mitverschulden dann keine Rede sein, wenn das Auftreten des Verletzten geboten und pflichtgemäß war. Ein mitwirkendes Verschulden kann festzustellen sein:

a) vor der Tat in Gestalt unterlassener oder mangelhafter Vorkehrungen gegen Rechtswidrigkeiten, denen man sich aus Nachlässigkeit schutzlos aussetzt (mangelhafte Beaufsichtigung des veruntreuenden Angestellten, zumal wenn mit Pflichtwidrigkeiten zu rechnen war; sorgloses Umgehen mit wertvollen Sachen, überhaupt die sachliche Erleichterung des Verbrechens durch Gewährung bequemer Begehungsmöglichkeiten; dazu § 46 Ziff. e östr. StGB: Strafmilderung, wenn der Täter mehr durch die ihm aus fremder Nachlässigkeit aufgestoßene Gelegenheit zum Verbrechen angelockt worden ist, als sich mit vorausgefaßter Absicht dazu bestimmt hat). Steigert sich das Mitverschulden zum unmittelbaren Tatanreiz – entsprechend der unverschuldeten Reizung zum Zorn nach § 213, so daß die Erregung oder der Schmerz des Täters zu begreifen ist (z. B. Art. 64 des Schweiz. StGB: fakultativer Strafmilderungsgrund), so ergibt sich die Strafminderung schon aus Schulderwägungen.

b) Tritt das mitwirkende Verschulden **bei der Tat** auf, so daß es den Erfolg unmittelbar ermöglicht oder mehr oder weniger beeinflußt, so liegt meistens ein Strafminderungsgrund vor (RG HRR **41** 613, die um die Vorauszahlungen auf bezugsbeschränkte Waren Geprellten hatten sich selbst über die Vorschriften hinsichtlich der Bezugsbeschränkungen hinweggesetzt; BGHSt. **2** 188, Zusammenprall eines zu rasch [§ 9 StVO] fahrenden Pkw. mit einem vorschriftswidrig unbeleuchteten Lastzuge). Dieser Gedanke trifft in allen Fällen verkehrsmäßig erforderlicher Sorgfalt zu (der Geschädigte fällt mangels pflichtmäßiger Prüfung auf plumpe Täuschungen oder Fälschungen herein, der Verletzte hatte das zum unangebrachten Scherz benutzte Gewehr selbst geladen, er hatte den Führer des Kraftwagens nicht zur Minderung der übermäßigen Geschwindigkeit veranlaßt oder sich einem angetrunkenen Fahrer anvertraut, eine pflichtwidrig unbeleuchtete Treppe ohne die gebotene Vorsicht benutzt). Anderseits kommt hierfür nur leicht Erkennbares, sich Aufdrängendes in Betracht. Dem geschädigten Erwerber einer Aktie ist es nicht zuzumuten, die Emissionszusicherung auf ihre Richtigkeit zu prüfen, RGZ **80** 202; dem Käufer eines Hypothekenbriefes nicht vorzuwerfen, daß er das Grundbuch nicht vorher eingesehen hat, HRR **28** 2264. Vollends bei den fahrlässigen Verkehrsdelikten macht sich der Gedanke der Verkehrsgemeinschaft mit ihren Forderungen der gesteigerten Achtsamkeit und gegenseitigen Rücksichtnahme geltend: der verletzte Fußgänger überschreitet den Fahrdamm ohne genügende Umschau oder setzt trotz fehlenden Überblicks infolge der Blendung durch einen Scheinwerfer des entgegenkommenden Autos seinen Weg fort, der Benutzer der Straße verstößt ohne rechtfertigenden Anlaß gegen Verkehrsvorschriften (etwa infolge selbstverschuldeter Trunkenheit; s. auch BGHSt. **2** 188). Bei Fahrlässigkeitstaten ist die Nichterörterung naheliegenden oder offensichtlichen Mitverschuldens ein Rechtsfehler, wenn sich nicht ausschließen läßt, daß die Strafe sonst geringer hätte bemessen werden können, BGHSt. **3** 218. In diesen Zusammenhang gehört auch die für den Ausschluß der Widerrechtlichkeit unerhebliche Zustimmung des Verletzten zur Tat, z. B. RGZ **127** 29.

c) Mitwirkendes Verschulden **nach der Tat.** Beispiele: der Verletzte unternimmt nichts zur möglichen Verringerung des drohenden Vermögensschadens; unsachgemäßes, schadensteigerndes Verhalten des Verletzten bei der Ausheilung körperlicher Beschädigungen; der Betroffene darf die Wunde oder die sonstige Gesundheitsschädigung nicht vernachlässigen, die dadurch herbeigeführte Steigerung des Verletzungsumfangs hat er verschuldet. Wer aber mit dem RG den Verletzer auch für diese Steigerung haften läßt, muß wenigstens bei der Strafzumessung berücksichtigen, daß der Verletzte nach Maßgabe seiner persönlichen Verhältnisse (RG JW **35** 1402), nach dem Stande seiner Mittel oder auf Kosten des Täters die zur Wiederherstellung seiner Gesundheit oder wenigstens zur Besserung seines Zustands möglichen Maßnahmen zu treffen hatte; bei erheblichen Verletzungen muß er den Arzt aufsuchen oder sich einer Kur etwa in einer Nervenheilanstalt (RGZ **60** 147) unterziehen, ob auch einer Operation, ist Tatfrage. Die Frage ist zu bejahen, wenn die Operation nach dem Urteil des Sachverständigen verhältnismäßig gefahr- und schmerzlos ist und sichere Aussicht auf Erfolg eröffnet. Eine Narkose muß der Verletzte dabei in Kauf nehmen, RGZ **139** 134. Bei weniger schweren Verletzungen kann er sich zunächst auch des Beistands eines Naturheilkundigen bedienen: RG Gruchot **60** 307. Für den **Kunstfehler** eines Arztes, der den Zustand des Verletzten verschlimmert, gelten diese Grundsätze entsprechend.

8. Zeitablauf seit der Tat kann und wird häufig strafmindernd wirken, OGHSt. **1** 121, **2** 98. Art. 64 Schweiz. StGB läßt Strafminderung zu, wenn seit der Tat verhältnismäßig lange Zeit verstrichen ist und der Täter sich während dieser Zeit wohlverhalten hat. Da die Verjährung sich auch aus den allmählich abklingenden psychologischen Gegenwartswirkungen des Verbrechens und aus dem allmählichen Erlöschen des Vergeltungsbedürfnisses rechtfertigt, obwohl sie nur verfahrensrechtlicher Natur und an den Ablauf bestimmter Zeitabschnitte geknüpft ist (BGHSt. **2** 300), sprechen überwiegende Gründe für die Anerkennung der herannahenden Verjährung als Strafminderungsgrund, sofern sich der Täter in der Zwischenzeit im wesentlichen einwandfrei geführt hat und die durch die Tat herbeigeführten Störungen der Rechtsordnung als vermindert oder abgeklungen gelten können. Dazu gehört jedoch stets längere Zeit. Anders, wenn das gerechte staatliche Strafbedürfnis aus politischen Gründen jahrelang zurücktreten mußte, OGHSt. **1** 121, **2** 98, ferner auch **2** 153, 384 (Zeitablauf nach rassischer Verfolgung).

IV. Der Täter. Schuld ist Vorwerfbarkeit (BGHSt. **2** 194). Bildet die Tat gleichsam das äußere Gerüst bei der Ermittlung des Strafübels, so die Persönlichkeit des Täters, soweit sie sich tatbezogen (s. unten 1) äußert, in ihrer Vielfalt das innere. Oft bietet sie allein erst den Schlüssel zum richtigen Tatverständnis und zur Beurteilung der Schuldgröße. Von Bedeutung ist hier die geistige und körperliche Entwicklung des Täters, seine Willensbeschaffenheit und Einsichtsfähigkeit, überhaupt seine Fähigkeiten, sein Vorleben, die allgemeine Haltung zum Recht und zu den sozialen Pflichten, soziale Verdienste auf anderem Gebiet, Vorstrafen, die Zugehörigkeit zu einem kriminellen Typus, die Umwelt des Täters, seine wirtschaftlichen Verhältnisse, die Tatvorgeschichte, das Motiv, das Zustandekommen des Tatentschlusses, die abgestuften Schuldformen. Nicht jede Strafzumessung erfordert derart weitgehende Überlegungen, aber jeder Fall kann sie unter Umständen nötig machen, je nach seiner seelischen Verwickeltheit.

1. Persönlichkeit. a) Tat und Täter bilden eine untrennbare Einheit. In jeder Tat drückt sich die Eigenart des Täters in gewisser Weise aus (Nagler DRWi. **42** 156, Kiel HRR **28** 2061, RGSt. **65** 230: wann ist der Strafzweck durch Geldstrafe erreichbar?, **76** 300: Persönlichkeit des Täters bei Preisvergehen). Wesentlich für die Persönlichkeit ist das Maß der Verantwortungsfähigkeit (vgl. § 51 II, der eine selbständige Strafzumessungsregel enthält), die Widerstandskraft des Willens, gute Vorsätze, die eingehalten wurden, anderseits lässige, schlechten Einflüssen leicht nachgebende Lebensführung, Bewußtseinstrübung, der Druck eines Pflichtenwiderstreits, der Einfluß von Drohung oder Zwang, Affektzustände (gerechter Zorn, Erregung, Furcht, Bestürzung, Schrecken, Feigheit), die sich mit ihrer Steigerung der verminderten Zurechnungsfähigkeit und der Zurechnungsunfähigkeit nähern (vgl. OGHSt. **3** 19, 81, BGHSt. **3** 194) und dann, wenn sie unverschuldet sind, auch die Schuld mindern. Dazu tritt das nach Begabung, Erziehung, Erfahrung, Bildung, Beruf und Lebenskunde erreichte Maß des Verständnisses für den rechtlichen Unwert der Tat und die mehr oder minder große Fähigkeit, Versuchungen und Konflikten mit dem Recht auch in schwierigen Verhältnissen und Lebenslagen gerecht zu werden (sittliche Haltung, Klugheit, Hemmungsvermögen, Urteilskraft, Besonnenheit, Anpassungsfähigkeit, Geschicklichkeit, Temperament). Weiter ist die Einsicht in das Verbotensein der Tat und die mehr oder minder zutreffende Vorstellung von ihrer Tragweite, ihrem Umfang und ihrer Schwere zu veranschlagen. Die oben B III 1 behandelte Stufung der Widerrechtlichkeit hat hier ihr inneres Gegenstück im Täter. Der irrige Glaube an das Erlaubte des Handelns, wenn vom Täter aus und unter allgemeinen Gesichtspunkten verständlich erscheinend, kann strafmindernd wirken, weil er anderer Art als der bewußte Rechtsverstoß ist (vgl. RGSt. **68** 41, Ring als Waffe, **70** 292: „keine bewußte Verletzung des Gesetzes"). Unverschuldete Unkenntnis der Rechtswidrigkeit schließt die Schuld völlig aus, BGHSt. **2** 209, verschuldete Unkenntnis kann sie und die Strafe mindern (Welzel JZ **52** 335, Anm.). Alle diese Gesichtspunkte oder doch die meisten von ihnen, soweit sie die in der Straftat gespiegelte Persönlichkeit kennzeichnen können strafmindernd oder auch straferhöhend wirken. Schlechte Erziehung und Beeinflussung im bildungsfähigen Alter wird entlastend, gute Erziehung unter Umständen mehr belastend wirken (OGHSt. **3** 27), schlechtes Erbe, soweit unbeherrschbar, entlastend, mangelnde Selbsterziehung, wo die erzieherischen Voraussetzungen an sich vorhanden gewesen wären, straferhöhend.

b) Von Bedeutung ist auch die **grundsätzliche Haltung des Täters zu den Rechtspflichten** und seine Gesinnung, Hilfsbereitschaft, Mitleid, Übereifer einerseits, Neigung zu Ausschweifungen oder Ausschreitungen, zu Zügellosigkeit, Gewalttätigkeit, Herrschsucht, Roheit, Unbarmherzigkeit anderseits, wiederum, soweit diese Eigenschaften in der Tat ihren Ausdruck gefunden haben, nicht als allgemeiner Lebensführungsvorwurf (s. unten c). Der persönliche Strafschärfungsgrund des § 20a ist auf diese Weise allerdings nicht zu erklären, er enthält überhaupt keine Schuldstrafe (s. dort, a. M. RGSt. **68** 390). Bewußte Gegnerschaft zur Rechtsordnung, die aus der Tat spricht, wirkt stets erschwerend (Nagler, Strafe I 617). Die rechtsbrecherische Beharrlichkeit und Verstocktheit des Hangverbrechers, des gewerbs-, gewohnheits- oder geschäftsmäßig Handelnden läßt seine Schuld bei der Strafbemessung schwerer wiegen, soweit sie nicht schon einen gesetzlichen Strafschärfungsgrund bildet.

c) Tatfremdes Verhalten hat bei der Strafzumessung außer acht zu bleiben. Eine allgemeine moralische oder soziale Persönlichkeitswertung, die in der Tat selbst keine Stütze gefunden hat und in ihr nicht hervorgetreten ist, allgemeine Vorwürfe gegen die Lebensführung des Täters können nicht straferhöhend wirken (s. auch d). Die Strafzumessung betrifft stets nur den Unwert der Tat und die Tatschuld und benutzt dazu die Persönlichkeit als Erkenntnismittel, sie hat keine Allgemeinabrechnung mit andern moralischen Verstößen oder Mängeln des Täters vorzunehmen. Nur im Bereich der strafbaren Handlung und der in ihr verwirklichten Schuld dürfen allgemein-sittliche Eigenschaften für und gegen den Täter berücksichtigt werden: „die Individualität des Verbrechens darf nicht mit der des Verbrechers vertauscht werden" (Nagler, Strafe I 605, ebenso Maurach 686, Heinitz ZStW **63** 62, BGHSt. **5** 132, BGH NJW **1951** 770: allgemein brutales Verhalten eines Kameradenschinders). Dadurch griffe ein strafrechtsfremder Gesichtspunkt bei der Strafbemessung Platz.

Aus diesem Grunde können auch nachträgliche tatfremde Verdienste des Täters um die Rechtsordnung (Anzeige einer vollendeten Verbrechensverabredung oder früherer Tatteilnehmer durch einen Beteiligten, der dadurch nur Vorteile gewinnen will; eine Lebensrettung nach der Tat) nur als Erkenntnismittel der Tat und der Persönlichkeit des Täters Bedeutung gewinnen, ebenso weitere Verfehlungen, die keinerlei innere Beziehung zur Tat verraten. Die Praxis neigt hier häufig, besonders im Rahmen mildernder Umstände, zur Berücksichtigung. Vgl. zu alledem B I 2e.

d) Vorleben, Vorstrafen. Das Vorleben und der Entwicklungsgang des Täters sind wesentlich, soweit sie die Einzeltatschuld beleuchten, mithin mit dieser in innerer Verbindung stehen. Daher kommen sie nur in einem verhältnismäßig kleinen Ausschnitt zur Geltung, sie bilden jedenfalls niemals die Hauptbemessungsgrundlage etwa i. S. einer Charakterschuld. Umstände, die einen allgemeinen Lebensführungsvorwurf begründen, wirken ausnahmslos nur dann strafschärfend, wenn sie zu der Tat in irgendeiner erkennbar feststehenden, schulderhöhenden Beziehung stehen, oben c (im allgemeinen wird einem Dieb in diesem Zusammenhang nicht vorgeworfen werden dürfen, er mißhandle seine Ehefrau und sei ihr untreu). Nur Schuldanzeigendes trifft auch hier den Kern der Sache und ermöglicht ein gerechtes Urteil. Jeder Schematismus ist hier besonders unangebracht. Bisherige Unbescholtenheit, rechtschaffener Lebenswandel, gute Führung in Schule, Lehre, Familie oder Beruf, erhebliche öffentliche Verdienste können die Tat als ein einmaliges Straucheln und daher als minder schwere Entgleisung erscheinen lassen, während übles, unsittliches Vorleben, eine bemakelte Lebensführung, wiederholte Konflikte mit der Rechtsordnung und insbesondere Vorstrafen (s. unten), die sich der Täter nicht zur Warnung dienen ließ, die umgekehrte Bewertung rechtfertigen können. Die Erfahrung lehrt, daß hier nicht selten mit inhaltlosen, nichtssagenden und deshalb gefährlichen Formeln und Redensarten gearbeitet wird, die auf den Verurteilten, der sie durchschaut, abstoßend und verhärtend wirken und den Sinn der Strafe gefährden. So kann ein bisher unbescholtener Lebenswandel darauf hinweisen, daß die Tat eine einmalige Verfehlung ist. Ein Indiz, jedoch nicht mehr, bildet die seitherige Unbestraftheit. Dies gilt auch für den Beamten, überhaupt für Angehörige einer gehobenen Lebensschicht; so wenig ihre Unbestraftheit schlechthin für sie außer Betracht bleiben muß (RG HRR **36** 512, **37** 1062), ist sie stets ein Strafminderungsgrund, entscheidend bleibt vielmehr immer, ob sie die Kraft bezeugt, Anfechtungen und Verlockungen zu widerstehen (RG JW **38** 3157, DStR **37** 51). Was besondere Verdienste im Kriege anlangt, so ist auch hier alles Tatfrage, RG JW **38** 168, 175, HRR **38** 52. Unbewiesene Vermutungen kommen weder zu Lasten noch zugunsten des Angeklagten in Betracht, RG JW **32** 2547, BayObLG NJW **52** 314.

Gleiches gilt für den erheblich einschlägig oder nicht einschlägig **Vorbestraften** (BGHSt. **5** 131) und den **Rückfälligen,** sofern die Wiederholung eines gleichartigen oder aus gleichen Triebfedern oder rechtsschädlichen Neigungen stammenden Verbrechens auf beharrlicher, vielleicht verbissener Schuldenergie beruht, die besonders bei frühem Beginn der Kriminalität und bei Rückfallsdichte in Art und Schwere der Rechtsverletzung oder als Unempfänglichkeit für die bisherigen Strafwirkungen hervortritt. Die Tilgung im Strafregister, die nicht auf die Fiktion der Unbescholtenheit hinauslaufen kann, hindert die Berücksichtigung der Vorstrafe in solchen Fällen nicht, KG JW **26** 2776, RGSt. **60** 287, **69** 11, **74** 177, Schönke-Schröder 73. Dies gilt ebenso für Verurteilungen, die der beschränkten Auskunft unterliegen. Hierher gehört auch der Vertrauensmißbrauch eines bedingt Begnadigten, der trotz des Gnadenerweises während der Bewährungszeit eine neue, kennzeichnende Straftat verübt. An der gesteigerten Intensität des Willens fehlt es dagegen, wenn mehr äußere, zufällige Schwierigkeiten (ungewöhnlich harte Versuchung, Verkettung der Umstände) zur erneuten Entgleisung führen oder wenn die Rechtsstörung objektiv gering ist. Eine zu amnestierende Tat, welche feststeht, darf straferhöhend verwertet werden, wenn die übrigen Voraussetzungen dafür vorliegen, BGH NJW **1951** 769, RG HRR **1938** 487, **1939** 671. Irrtümliche Verwertung einer angeblichen Vorstrafe (Celle NJW **49** 600, RG HRR **39** 546).

Tatfremde Ausnahmebewertungen für „Ausnahmenaturen", etwa für Persönlichkeiten, die auf andern Gebieten geniale Leistungen erbringen oder Verdienste erworben haben (Fall Oscar Wilde), sind unzulässig. Hier tritt das unbedingte Erfordernis der Tatbezogenheit des Zumessungspunkts besonders unverzichtbar hervor. Wer davon abginge, verletzt die Gleichheit vor dem Gesetz und schafft ein unsittliches Strafprivileg. Hier kann, falls angebracht, nur die Gnade eingreifen, nachdem der Strafzweck erreicht worden ist.

2. **Krimineller Typ.** Die Kriminologie kennt zahlreiche systematische Einteilungen der Verbrecher nach Persönlichkeitstypen, im Unterschied zu den Versuchen, tatbestandliche Tätertypen zu bilden. Gelingt die verläßliche Einreihung des Täters als krimineller Typ in diesem Sinne, so werden damit Anhaltspunkte für die Strafbemessung gewonnen. In diesem Rahmen kann auf solche Einteilungen nicht eingegangen werden. Näheres bei Mezger, Kriminelle Typen, Festschrift für K. Schneider, 1947, 217, Exner, Kriminologie 1949, 203, Seelig-Weindler, Die Typen der Kriminellen, 1949, Sauer, Kriminologie, 1950, Allgemeine Strafrechtslehre, 1955 § 11, Kriminalsoziologie. So unterscheidet z. B. Sauer den Nutztyp, den Angriffstyp und den Schwächetyp und zergliedert diese Grundtypen in Anwendung auf gewisse Tatgruppen in mannigfachster Weise. Mezger bildet Typen nach der Bereitschaft des Täters zum Verbrechen; innerhalb zweier großer Gruppen unterscheidet er die Situationsverbrecher (Konflikts-, Entwicklungs- und Gelegenheitsverbrecher) von den Charakterverbrechern (Neigungs-, Hang- und Zustandsverbrecher). Seelig bildet 8 Verbrechertypen: den Berufsverbrecher aus Arbeitsscheu, den Vermögensverbrecher aus geringer Widerstandskraft, den aggressiven Gewalttäter, den Verbrecher aus geschlechtlicher Unbeherrschtheit, den Krisenverbrecher, primitivreaktive Verbrecher, Überzeugungsverbrecher (s. 3), Verbrecher aus mangelnder Gemeinschaftseinordnung.

3. Der **Überzeugungsverbrecher.** Die Strafbemessung ist hier besonders vielschichtig (Nagler GS **94** 48). Vom Verbotsirrtum unterscheidet den Überzeugungstäter, daß er die Strafbarkeit seines Handelns kennt, sein Unrecht jedoch leugnet und die eigene sittliche, religiöse oder politische Überzeugung als Richtschnur an die Stelle der Gemeinschaftsordnung setzt. Sein Verhalten zeugt daher meist von starker gemeinschaftswidriger Intensität des Vorgehens, die auf nicht geringe Gefährlichkeit schließen lassen kann. Das hat die Strafbemessung zu berücksichtigen. Die Strafe des Überzeugungstäters wird daher im allgemeinen nicht deshalb gelinder ausfallen können, weil er irgendeinem ihn verpflichtenden Ideal folgt oder zu folgen meint und seine Beweggründe deshalb möglicherweise nicht ohne sittlichen Wert sind. Seine Schuld, die bewußte tätige Verneinung der allgemeinen Wertordnung, ist nicht gering, sondern vielmehr oft schwer. Problematisch ist jedoch die Art dieser Schuld. Ihre Wurzel liegt, soweit nicht von vornherein ein verwerfliches, menschenverachtendes Leitbild besteht, nicht in gewöhnlichen verbrecherischen Trieben oder schlechthin in der Gemeinschaftsfeindlichkeit, sondern vielmehr in der Ablehnung einer bestehenden Gemeinschaftsform, die der Täter bekämpft und durch eine vermeintlich bessere ersetzen will. Daß derartige Überzeugungen mitunter zu schwersten Verbrechen und Unmenschlichkeiten treiben, hat die jüngste Vergangenheit gelehrt, und die Gegenwart ist dafür nicht ohne Beispiele. Versteigen sie sich im Ziel bis zur Verneinung des Menschlichen in der Form rassischer und religiöser Verfolgung, so kann nicht mehr anerkannt werden, daß solche Verblendung nur strafbar, jedoch noch nicht unehrenhaft sei. Auch kann niemand durch blinden Gehorsam seine Verantwortlichkeit abstreifen, BGHSt. **2** 252. Anders bei Ideen politisch-gesellschaftlicher Art, denen diese programmatische Tendenz nicht eignet und über deren Richtigkeit niemals Einigkeit erzielt werden kann. Hier wird die Ehrenhaftigkeit des auf strafbare Weise verfolgten Bestrebens oft anzuerkennen sein. Demgemäß bestimmt § 20, daß dort, wo das Gesetz die Wahl zwischen Zuchthaus und Einschließung läßt, auf Zuchthaus nur erkannt werden darf, „wenn festgestellt wird, daß die strafbare Handlung einer ehrlosen Gesinnung entsprungen ist", sonst ist auf die nicht ehrenmindernde Strafe der Einschließung (Höchstmaß 15 Jahre) zu erkennen. Unmittelbar gilt dies nur für die §§ 105, 106, jedoch liegt darin auch eine allgemeine Richtlinie für die Bestrafung des Überzeugungstäters. Vgl. Erik Wolf, Verbrechen aus Überzeugung, 1927, mit Schrifttum.

Der Bundesgerichtshof hat die Frage, ob „der sittliche Wert einer Handlung und eine achtenswerte Überzeugung (des Täters) geringere Schuld begründen", ausdrücklich offengelassen (BGH StE 213/52 v. 28. 7. 1955). Die weitere Frage, ob die beim Vorgehen des Überzeugungstäters verwendeten **Mittel,** sofern sie verwerflich sind (Lüge, Verleumdung, Täuschung), die Art der Strafe nachteilig beeinflussen, hat er bejaht. Könne der Täter erkennen, daß seine Überzeugung mit dem Sittengesetz nicht übereinstimme, so sei für „schuldmindernde Erwägungen" kein Raum. Wesentlich dafür seien das Gesamtverhalten, die erstrebten Ziele und angewandten Mittel. Im entschiedenen Falle bleibt das kommunistische Endziel der klassenlosen Gesellschaft unbeurteilt, weil es jedenfalls mittels Zwischenstufen angestrebt werde, die in menschenverachtender Gewaltherrschaft gipfelten. Die Agitationsmittel der Lüge und anderer „dialektischer" Kunstgriffe seien verwerflich, wer sich ihrer in der Form besonders bösartiger und gefährlicher Angriffe bediene, statt mit seiner politischen Überzeugung offen hervorzutreten, verdiene keine Milde. — Diese Gesichtspunkte dürften das Problem nicht erschöpfen. Sie trennen nicht zwischen Schuldschwere und Schuldart. Die Schuld des Überzeugungstäters wird häufig schwer sein. Auch kann die Art seines Vorgehens an der Lauterkeit seiner Überzeugung überhaupt zweifeln lassen; neben dem echten Überzeugungstäter steht stets auch der politische Opportunist. Jedoch kann erwiesene Gesinnung durch die Art ihrer Betätigung schwerlich einen Wesenswandel erfahren. Die Frage beschränkt sich auch nicht auf die Methoden des gegenwärtigen kalten Krieges. Der Kern der Überzeugungstäterschaft kann sich auch mit den Grundgedanken des Staatsnotstandes und mit zahlreichen andern tiefgreifenden Konflikten berühren. Am Ende ist sie eine Frage der Duldsamkeit (nicht der Strafmilde) gegenüber fremder Überzeugung. Nicht Strafminderung ist ihr Gegenstand, sondern Strafänderung, die Andersartigkeit der unter Umständen schweren Schuld, die hohe, jedoch nicht ehrenmindernde Strafe verdient. Dies könnte auch im Vollzuge der in solchen Fällen verhängten Einschließung zum Ausdruck kommen. Zur politischen Tötung aus Überzeugung vgl. OGHSt. **1** 98, Radbruch SJZ **48** 311, Stock SJZ **47** 529, Zinn SJZ **48** 141, Eb. Schmidt DRZ **49** 243, Jagusch SJZ **49** 324, ferner den Gesetzesvorschlag SJZ **47** 219.

4. Tatbeweggrund. Tatentschluß. Tatzweck. a) Mit der Aufklärung des Tatbeweggrundes und des Zustandekommens des Tatentschlusses gewinnt die Strafbemessung meist wichtigste Anhaltspunkte. Äußere Anstöße zwingen die Persönlichkeit zwar zur Stellungnahme, aber die letzte Entscheidung hat die verantwortliche Persönlichkeit zu treffen. Die Entschließung hängt ab von Maß und Klarheit der Vorstellungen von der Sachlage und der Kraft und Widerstandsfähigkeit des Willens gegenüber der Versuchung zum Verbrechen. Im Vordergrund steht hierbei die Überlegung (RGSt. **42** 262), das Durchdenken des Für und Wider hinsichtlich des „Ob" des Angriffs und der Tragweite des Erfolgs. Die Schuld wächst mit dem Gewicht der überwundenen inneren Widerstände, sie sinkt bei seelischer Überlastung, wenn der Täter den Anforderungen der Sachlage nicht gewachsen ist. Der Besonderheit der Motivation kann schuldabschwächende Bedeutung bei Verführung (Art. 64 des Schweiz. StGB v. 21. 12. 1937 sieht die ernstliche Verführung durch den Verletzten als fakultativen Strafmilderungsgrund vor), Versuchung, Verlockung, Anstiftung oder Suggestion zukommen, vor allem bei Massenverbrechen, wo schwankende oder an sich Unbeteiligte der Eingebung des Augenblicks folgen, Willensschwache tätig und leicht Erregbare fortgerissen werden; dazu OGHSt. **2** 72, 205, **3** 28, **3** 119. Politische Verhetzung verdeckt die sittlichen Werte, dafür wächst die Verantwortung der Rädelsführer (Nagler GerS **95** 178). Ähnlich zu werten sind gewisse irrige Vorstellungen in Form von Erwartungen, Hoffnungen oder Wünschen, die zwar den Vorsatz nicht ausschließen, indessen doch den gleichwohl herbeigeführten Erfolg abgeschwächt bewerten lassen (z. B. unerwünschte Tatwirkungen oder unrichtige Vorstellungen über den Verletzungsumfang — die Brandstiftung galt nur dem Hause des X., erfaßte aber die Nebenhäuser mit — oder der Täter beabsichtigte nur eine leichte Körperverletzung, verursachte indessen eine schwere). — Erst recht gehört der Irrtum im Beweggrund (der Täter verletzt den A. in der Meinung, Aufrechnung üben zu dürfen) in diesen Zusammenhang.

b) Von Bedeutung für die Tatbewertung sind ferner **Anreiz** (die Wirkung äußerer Einflüsse), **Motiv** (Beweggrund, Triebfeder) und **Zweck des Rechtsbruchs.** Sie bilden die wichtigsten Anhaltspunkte für Art, Richtung und Stärke des rechtspflichtwidrigen Willens und eröffnen daher den Zugang zu vertiefter Schulderkenntnis. Der Anreiz zur Straftat tritt in den verschiedensten Formen auf: bedrängte wirtschaftliche Lage, Wohnungselend, Wille zur Selbsterhaltung (vgl.

§§ 52, 54), Schwangerschaft, schlechte Gesundheit, schwierige häusliche Verhältnisse, mangelnde Erfahrung (BGHSt. **2** 182), gesellschaftliche Unsitten aller Art, Trinkunsitten, Spiel, Schundschriften, Aberglaube, Eigenart des Lebenskreises, des Berufs und des Standes, Verführung (BGHSt. **2** 182), Verlockung durch eine günstige Tatgelegenheit. Er ist auf seine Art wie auf seine Stärke und Wirksamkeit zu prüfen. Es gibt persönlichkeitseigene oder -fremde Anstöße, je nachdem sie dem Wesen des Täters gemäß sind oder nicht, so daß der Täter auf die Anregung leichter oder schwerer anspricht. Das Aufsuchen der Tatgelegenheit belastet, RG DR **44** 443. Für die Schwere des Anreizes kommt es darauf an, ob es an ausreichender äußerer Veranlassung zur Tat fehlte oder ob sich der Täter verschuldet oder unverschuldet einem Gewissenskonflikt mit echten oder vermeintlichen Pflichtenkollisionen oder gar einer fast ausweglosen Lage gegenübersah (mit allerlei Zwischen- und Abstufungen); dazu OGHSt. **2** 117. Die äußeren Verhältnisse bilden aber immer nur die Ausgangspunkte, ihre Wirksamkeit richtet sich nach der Art der Persönlichkeit, die darauf antwortet: sie formen den Täter, vor allem aber er sie. Der Täter kann und muß seinen Entschluß regelmäßig nach dem Willen der Rechtsordnung i. S. des pflichtmäßigen Verhaltens treffen.

Entscheidet er sich falsch, so hängt die Wertung dieses Entschlusses psychologisch wesentlich von dem Beweggrund dafür ab (dazu OGHSt. **3** 134, auch sonst lehrreich). Das Motiv besteht in einer meist gefühlsbetonten Vorstellung, die den Täter, oft nach einem Widerstreit von Reizen und Erwägungen, zum Handlungsentschluß bestimmt. Diese treibende Kraft kann von außen, aber auch von innen her kommen. Für die rechtliche Würdigung kommt es auf den Wert des entscheidenden Beweggrunds an, wie schon die gesetzlichen Tatbestände belegen, welche den Beweggrund einbeziehen (z. B. „aus grobem Eigennutz", „Gewinnsucht", „andere niedrige Beweggründe", „Habgier"). Im Verhältnis zur sozialethischen Wertlosigkeit des Beweggrunds wächst die Schwere des Rechtsbruchs. — Außer dem Wert ist die Stärke des Motivs zu prüfen, die Kraft, mit der sich die Reizvorstellung durchsetzt. Sie zeigt sich im Kampf der Motive, wenn verschiedene Bestrebungen nach entgegengesetzten Richtungen drängen. Je dringlicher und nachhaltiger ein Motiv Geltung fordert, umso entschuldbarer kann das Erliegen der Persönlichkeit sein. Umgekehrt ist die Schwäche oder das Fehlen triftiger Gründe belastend. — Schließlich ist auch der Anteil des Motivs an dem Verbrechensentschluß von Bedeutung. Oft wirken mehrere Beweggründe gleicher oder verschiedener Gruppen und von gleichem oder verschiedenem Wert auf den Entschluß ein („Motivbündel"): Hauptbeweggrund? Gleichrangigkeit? Somit ist der Motivationsvorgang, soweit er überhaupt beweismäßig erfaßbar ist, nach allen Seiten hin zu durchleuchten, um den Rechtsverstoß des Täters richtig zu würdigen (Nagler GerS **94** 69).

c) Der mit dem Verbrechen angestrebte nähere und entferntere **Zweck** berührt sich eng mit diesen Erwägungen. Der nächste Zweck deckt sich mit dem im Handeln wirksamen Motiv, soweit dieses auf den Handlungserfolg gerichtet ist. Eine rechtswidrige Handlung kann im Dienste eines verwerflichen wie eines löblichen Zwecks stehen (Vergreifen im Mittel). Richtung und Zielsetzung einer Handlung können sich von dem tatbestandsmäßigen Unrecht wertmäßig also durchaus abheben, z. B. kann ein Verbrechen der Tötung in guter Absicht (etwa um eine geliebte Person vor schwerem Siechtum zu bewahren) verübt werden. Ein uneigennütziger Zweck wird häufig strafmindernd wirken, RG DR **1941** 2179.

5. Verbrecherischer Wille. Die Stärke des verbrecherischen Wollens ist von erheblicher Bedeutung. Die Ausführung mit Überlegung, Kaltblütigkeit, Planmäßigkeit, bei voller Würdigung der Schwere des Rechtsbruchs hebt sich ebenso scharf heraus wie Schonungs-, Rücksichts- oder Hemmungslosigkeit, Hartnäckigkeit und Nachhaltigkeit, die das Ziel — vielleicht sogar während eines längeren Zeitraums — durch immer neue Willensimpulse und unter vermehrtem Schuldaufwand erreicht, DR **39** 3669. In gleicher Richtung wirkt die Anwendung eines besonders wirkungsvollen oder gefährlichen Mittels oder das Anstreben eines besonders großen Verletzungserfolgs, während umgekehrt das Vorliebnehmen mit geringerem Erfolg trotz der Möglichkeit eines erweiterten Verletzungsumfangs (so ausdrücklich § 47b östr. StGB) schuldmindernd wirken kann.

6. Verschuldeter Rausch. Vgl. Seibert, Zum Einwand der Trunkenheit, NJW **54** 1028. Der Einfluß verschuldeter Rauschzustände (Verwendung von Rauschgiften wie Äther, Opium, Morphium, Kokain, Alkohol) auf das Strafmaß ist, falls nicht Zurechnungsunfähigkeit besteht und § 330a anwendbar ist, von jeher bestritten. Nur mit großer Zurückhaltung kann er strafmindernd wirken. Klinisch-psychologisch setzt der Rausch mit dem Grade der Vergiftung teigend die normale Funktionsfähigkeit herab; der Alkoholrausch führt zunächst Aufregungszustände unter Erhöhung der Lebensfunktionen (Weckung der Phantasie, leichterer Vorstellungsablauf, schneller Stimmungswechsel) bei Minderung der Überlegtheit und Steigerung der Reizbarkeit wie der Willensantriebe herbei, späterhin treten Gleichgewichtsstörungen, Lähmungs- und Ausfallerscheinungen in den Ideenassoziationen und der Denkkraft, Abschwächung vernünftiger Erwägungen, Hemmungslosigkeit und Überschätzung der eigenen Person und Fähigkeiten auf. Es zeigt sich eine Neigung zu Roheit und Gewalttätigkeit, vor allem bei Körperverletzungen und Beleidigungen, Widersetzlichkeiten, Sachbeschädigungen und Hausfriedensbrüchen. Beim verschuldeten Rausch liegt die Schuld im Mangel an Selbstzucht und regelmäßig auch in der Mißachtung der allgemeinen Erfahrung von der Gefährlichkeit des rauschbedingt Hemmungslosen, die sich leicht in unerlaubten Handlungen aller Art äußern kann und zu äußern pflegt. Im allgemeinen ist für seine Rauschzustände jeder verantwortlich. Die Einzelheiten sind Tatfrage; es kann wesentlich auf Anlaß und Umstände ankommen (s. Jagusch LM § 330a Nr. 1). Nach § 49 Abs. 2 MStGB bildete verschuldete Trunkenheit bei strafbaren Handlungen gegen die Pflichten der militärischen Unterordnung und bei allen in Ausübung des Dienstes begangenen strafbaren Handlungen keinen „Strafmilderungsgrund"; andrerseits nahm die Rechtsprechung an, daß § 49 Abs. 2 der Strafminderung innerhalb des ordentlichen Strafrahmens nicht entgegenstehe. In der militärischen Disziplinargerichtsbarkeit galt selbstverschuldete Trunkenheit sogar als Straferhöhungsgrund. Dasselbe wird bei schuldhaft rauschbedingtem Versagen in verantwortungsvollen Berufen zu gelten haben. Selbstverschuldet ist der Rausch, wenn ihn der Täter angesichts der Sachlage (Art und Menge des Rauschgifts, allgemeine Empfindlichkeit gegen Rauschgifte, besondere Aufregungs- oder Ermüdungszustände) entweder vorausgesehen und mindest in Kauf genommen hat oder wenn er ihn hätte vorhersehen können; Trinkunsitten entschuldigen nicht. Einverständnis besteht seit jeher darüber, daß das Sich-Mut-Antrinken zur Verübung einer Straftat kaum strafmindernd verwertet werden darf, da die Herabsetzung der geistigen Fähigkeiten im Augenblick der Tat durch die vorausgegangene unbeeinträchtigte Entschlußfassung voll aufgehoben wird (Analogie zur actio libera in causa).

7. Vorsatz und Fahrlässigkeit. Von erheblicher Bedeutung für die Strafbemessung ist die psychologische Haltung des Täters gegenüber seinem Tun. Der psychologische Schuldbegriff versteht Vorsatz und Fahrlässigkeit geradezu als Schuldarten. Eine erste Unterteilung der Strafen in dieser Richtung enthalten bereits die gesetzlichen Tatbestände in der Form der Absicht, des Vorsatzes, der leichtfertigen Tatbegehung und der Fahrlässigkeit. Innerhalb dieser psychologischen Täterhaltungen bestehen jedoch zahlreiche weitere Stufungen, die auf größere oder geringere Schuld hindeuten und daher Wertung fordern.

a) Vorsatz. Beim direkten Vorsatz wünscht der Täter die Folgen seines Tuns entweder, oder er ordnet ihren Eintritt doch einem unbedingt erstrebten Tatzweck unter und „will" sie in diesem Sinne (z. B. er macht ein Schiff auf hoher See sinken, nicht um zu töten, sondern um die Versicherungssumme zu erlangen, rechnet aber mit dem Ertrinken von Menschen). Beim bedingten Vorsatz nimmt er um eines unbedingt gewollten Handelns willen weitere Folgen billigend in Kauf, deren Eintritt er an sich nicht wünscht. Der bedingte Vorsatz hat im Verhältnis zum direkten nicht schlechthin strafmindernde Wirkung. Die Vorsatzarten bilden nicht Schuldarten, sie sind nur Anhaltspunkte für eine vertiefte Schulderkenntnis. — Dasselbe gilt für das Verhältnis des Vorsatzes zur Fahrlässigkeit. Beide Arten der psychologischen Täterhaltung berühren sich im bedingten Vorsatz einerseits und der bewußten Fahrlässigkeit anderseits, wobei der durch die letztere begründete Schuldvorwurf der schwerere sein kann, mag es regelmäßig auch umgekehrt liegen. Deshalb ist bei Tatbeständen, die vorsätzlich und auch fahrlässig erfüllt werden können, diese weitere Ermittlung geboten, ohne daß damit allerdings die Schuldschwere bereits feststeht. — Vorsätzliches Handeln wird oft schwerer wiegen als bloßes vorsätzliches Unterlassen, weil und soweit dazu geringere Tatenergie gehört (oben B III 3). — Der vermeidbare Irrtum über die Rechtswidrigkeit der Handlung (Verbotsirrtum) bewahrt den Täter nach herrschender Ansicht (BGHSt. 2 194, 209) nicht vor der Vorsatzstrafe, er muß sie nicht einmal mildern, wird diese Wirkung jedoch häufig haben, weil „Rechtsfahrlässigkeit" auf die Rechtstreue des Täters im allgemeinen ein günstigeres Licht wirft. Die Schuld hängt hier von dem Maß der Einsicht und Erfahrung und von der Möglichkeit ab, Rat einzuholen; beim Rechtskundigen und Gebildeten wird sie, soweit nicht der Irrtum über einen Rechtfertigungsgrund in Betracht kommt, der tatsächlichen Charakter trägt, meist schwerer sein. Anderseits wiegt die auf einem

Verbotsirrtum beruhende Vorsatztat keineswegs stets schwerer als bloße Tatfahrlässigkeit. Die fahrlässig bewiesene Verantwortungslosigkeit kann schwerer sein als die in der Vorsatztat zutage getretene.

b) **Fahrlässigkeit.** Bei der Fahrlässigkeit lassen sich die Grundstufen der Leichtfertigkeit und der bewußten und unbewußten Fahrlässigkeit unterscheiden. Die Schuldschwere der Fahrlässigkeit steigt und fällt mit der Fähigkeit des Täters, den widerrechtlichen Erfolg zu vermeiden, ihn vorauszusehen und auszuschließen. Es kommt also auf seine Erfahrung, Bildung, Besonnenheit, Intelligenz, Übung, Geistesgegenwart (Länge der Schrecksekunde), aber auch auf seine Abgestumpftheit oder Gleichgültigkeit gegenüber den Rechtsgütern, die Erkenntnis der Größe der Gefahr wie der Schwere der drohenden Schädigung an. Ferner ist die besondere Tatlage von Bedeutung: die seelische Verfassung des Täters bei der Tat (Herabsetzung der Leistungsfähigkeit bei Gemütserregung, Ermüdung, Abspannung, Überlastung), eine unvermeidbare Teilung seiner Aufmerksamkeit durch gleichzeitige anderweite Beanspruchung; der Zeitraum zur ungestörten Beobachtung, Überlegung und Entschließung; das Maß der Voraussehbarkeit des rechtswidrigen Erfolgs. Die Wucht und Nachhaltigkeit warnender Vorstellungen kraft Erfahrung oder klarer Einsicht in die Lage läßt die Schuld steigen, die Kraft der den Erfolg ausschließenden Gegenerwägungen oder die irrige Meinung, aus wichtigem Grunde die Gefahr unter Zurückstellung der abmahnenden Stimmen laufen zu dürfen oder zu müssen, läßt sie sinken. Das Versagen des Täters ist umso schwerer und unverzeihlicher, je größer und ungeschmälerter sein Leistungsvermögen bei der Tat war, je mehr er sich gerade auf diesen Vorgang einstellen konnte und nach der Bedeutung des Vorgangs dazu Veranlassung hatte. Je wertvoller das gefährdete Rechtsgut und je größer dessen Gefährdung war, umso eingehender mußten Vorprüfung wie Entschlußfassung und Durchführung sein.

aa) Sieht ein Gesetz dieselbe Strafdrohung für vorsätzliches wie fahrlässiges Verhalten vor, so kann sich bei Fahrlässigkeit die Strafwürdigkeit mindern; daher fordert DR **42** 30 mit Recht im Hinblick auf die Strafbemessung die Feststellung der „Schuldart".

bb) Gehören zu einer Tätigkeit besondere Sachkenntnisse und Fertigkeiten, so steigt die Fahrlässigkeit mit der fachlichen Unzulänglichkeit dessen, der sich einer solchen Aufgabe unterzieht (sofern nicht Gefahr im Verzug ist und er deshalb die Gefahr ungenügender persönlicher Voraussetzungen laufen darf, z. B. ein Landarzt muß einen schweren chirurgischen Eingriff in einem Bauernhaus vornehmen); der Kurpfuscher schädigt etwa den Patienten infolge mangelnder medizinischer Einsicht: Rechtspr. **10** 268, 493, RGSt. **50** 41. Der Mangel der persönlichen Eignung zur Vornahme der Handlung kann in der Vernachlässigung einer gründlichen Fachausbildung oder der gebotenen Weiterbildung wurzeln, die nötig ist, um auf der Höhe der Fachkunde zu bleiben, BGH 1 StR 7/52 v. 13. 5. 1952 (falsche „psychotherapeutische" Behandlung mit Todesfolge durch einen Arzt).

cc) Ihrer Art nach besonders gefährliche oder wichtige Verrichtungen erfordern ein Höchstmaß an Umsicht, Sorgfalt und Zuverlässigkeit bei der Vorprüfung und Durchführung (etwa ein Tunnelbau, die Errichtung eines Hochhauses, einer zum Personentransport bestimmten Drahtseilbahn, die Verordnung von Gift durch den Arzt, dessen Verabreichung durch den Apotheker: Rspr. **10** 518, RGSt. **35** 332, die Ausübung des Strafvollzugs: RGSt. **19** 342. Hier überall ist schon jedes Zurückbleiben hinter der möglichen Aufmerksamkeit, Besonnenheit und Vorsicht ein Verschulden, das sich entsprechend dem Maß der Sorglosigkeit steigert.

dd) Wurzelt das Verschulden schon in dem Entschluß zur Fahrlässigkeit, so bestimmt sich die Schuldgröße nach der Bedeutung der geplanten Handlung, den besonderen Anlässen zur besonnenen Vorprüfung (infolge der schwierigen Umstände, unter denen sie ablaufen sollte) und nach der Möglichkeit genauer Vorfeststellung, Durchdenkung und Vorausberechnung der Wirkungen.

ee) Fehlt die Bedachtsamkeit bei der Ausführung des gefaßten Entschlusses, so entspricht das Verschulden der Notwendigkeit und Möglichkeit der besseren Leistung (der Baumeister verwendet schlechtes Material, der Bauleiter hält sich nicht an den Bauplan, der Arzt verfährt nicht aseptisch).

ff) Der Rückfall kann auch bei Fahrlässigkeitstaten straferschwerend wirken, Gleichartigkeit kann dabei besonders nachteilig sein.

gg) Die Streitfrage, ob **bewußte Fahrlässigkeit** stets einen Schulderhöhungsgrund bilde (so noch Kohler GA **42** 246, Beling, Unschuld 58, Frank 146, anders Exner, Fahrlässigkeit 215, Graf Dohna ZStRW **32** 327, Köhler Lehrb. 278), ist dahin zu beantworten: Ob der Irrtum die eine oder andere Form annimmt, besagt über seine Stärke und Vermeidbarkeit noch nichts, vielmehr ist alles Tatfrage. Die Außerachtlassung eines als möglich erkannten Ursachenablaufs kann wegen seiner Unwahrscheinlichkeit u. U. gering wiegen, der Irrtum über den ursächlichen Zusammenhang bei sich aufdrängender Erkenntnis einer nahen Gefahr aber unverzeihlich sein.

V. Nach der Tat eingetretene Umstände. In Betracht kommen hier vor allem die **Verzeihung** durch den Verletzten oder dessen Angehörige und der Zeitablauf. Es ist nicht Aufgabe des staatlichen Strafens, ein besonders starkes Vergeltungsbedürfnis des Verletzten zu befriedigen. Sein normales Verlangen nach Genugtuung wird jedoch vom Gesetz vorausgesetzt. Daher kann die Verzeihung, abgesehen von ihrer sittlichen Wirkung auf den Täter, auch strafmindernd ins Gewicht fallen, OGHSt. **3** 140. — Längerer **Zeitablauf** seit der Tat kann ihre Wirkung im Bewußtsein des Verletzten und der Allgemeinheit mildern, ein Gedanke, der die Verfolgungsverjährung, wenngleich sie nur dem Verfahrensrecht angehört, und die Vollstreckungsverjährung mitbestimmt. Daher kann Zeitablauf die Strafe mindern, sofern er erheblich ist und sich der Verjährungsgrenze nähert, OGHSt. **1** 121, **2** 98, BGHSt. **2** 306. Das gilt nicht, wenn die Tat wegen Behinderung der Rechtspflege nicht verfolgt werden konnte, OGHSt. **1** 120, **2** 98. — Auch für die Bemessung der Gesamtstrafe können erst nach der Tat eingetretene Umstände von Bedeutung sein, wie sich aus RGSt. **44** 302, 306 sinngemäß ergibt.

VI. Das Verhalten des Täters nach der Tat. a) Vor dem Strafverfahren. Das Verhalten nach der Tat ist stets nur ein Schuldindiz. Entscheidend ist allein, ob und welchen sicheren Schluß es auf das Schuldmaß ermöglicht (Nagler Strafe I 606 N. c). Hier steht die ehrliche und besonders die betätigte **Reue** im Vordergrund, wie sie sich vor allem nach Affekthandlungen, nach übereilten oder aus Mißmut stammenden Taten oder bei Fahrlässigkeit einzustellen pflegt. Jedoch kommt es auf Stärke und Anlaß der Reue an, die aus besserer Einsicht, aus Gewissensnot oder auch unter dem Zwang drohender Nachteile erwachen kann. Tritt sie ernsthaft und tief auf und offenbart sie als eine mit Selbstvorwürfen verbundene Selbstverurteilung die Besinnung auf die verletzte Rechtspflicht, so wirkt sie erheblich strafmindernd, denn das Bekenntnis zur Verbindlichkeit der rechtlich-sozialethischen Ordnung zeigt, daß die Tat nicht auf allgemeiner Rechtsfeindschaft beruht. Zu fordern sind also Ernsthaftigkeit und Nachhaltigkeit der Reue, an denen es fehlt, wenn die Gemütsbewegung — wie z. B. bei haltlosen Gewohnheitsverbrechern, bei schnell erregbaren oder leichtsinnigen Tätern — nur in der Schwäche des Willens wurzelt. — Die Reue gewinnt noch an Bedeutung, wenn sie sich in dem Bestreben zur **Wiedergutmachung** des Schadens äußert, mag es sich um ideellen Ersatz (Abbitte, Widerruf einer Ehrverletzung) oder um Sachschaden handeln. Hierher gehört auch die Selbstanzeige (BGH VRS **53** 267) zur Entlastung des Gewissens (in § 46 Ziff. h östr. StGB als „Milderungsumstand" aufgeführt), zur Aufdeckung eines geplanten Verbrechens oder zu dessen Verhinderung durch einen reuigen Mitwisser. — Andrerseits wirken Empfindungslosigkeit oder Gleichgültigkeit gegenüber den Folgen der Tat oder gar Äußerungen der Befriedigung oder Genugtuung über sie straferhöhend, Reuelosigkeit freilich nur, wo Reue angebracht wäre und wo sie auf dem Boden der Gewissenlosigkeit oder rechtlich-sozialer Minderwertigkeit erwächst. Z. B. kann ein Täter, der sich nach hartem Gewissenskampf bei wirklicher oder vermeintlicher Pflichtenkollision aus anständigen Beweggründen über eine Rechtspflicht hinwegsetzen zu müssen glaubte, kraft der Stärke seiner Überzeugung der Tat auch weiterhin ohne Selbstvorwürfe gegenüberstehen (lehrreich der Sachverhalt OGHSt. **2** 117).

b) Im Strafverfahren. Insoweit ist in der Strafzumessungspraxis eine verbreitete, dem Sinn der Strafe widersprechende Neigung zu oberflächlichen Wendungen festzustellen, und zwar im Gegensatz zur höchstrichterlichen Rechtsprechung und auch zur einhelligen Meinung im Schrifttum. Das Gesamtverhalten des Angeklagten im Verfahren steht von vornherein, was zu wenig beachtet wird, im Licht der Tatsache, daß er rechtlich nicht verpflichtet ist, sich zur Anklage zu äußern, die Tat zu gestehen, die Richtigkeit eines Beweisanzeichens zuzugeben, einen Irrtum des Gerichts aufzuklären, diesem den Schuldbeweis zu erleichtern oder gar zu seiner eigenen Überführung beizutragen (§§ 136, 136a StPO, BGHSt. **1** 103, 105, **2** 375, **5** 239), selbst dann nicht, wenn ein solches erlaubtes Verhalten zur Verfahrensverlängerung oder zur nochmaligen Vernehmung jugendlicher Zeugen führt, BGHSt. **1** 342. Prozeßstrafen kennt das Strafrecht nicht, die Drohung mit Maßnahmen, die das Verfahrensrecht nicht zuläßt und das Versprechen gesetzlich nicht vorgesehener Vorteile ist verboten (§ 136a I StPO). Anderseits hat der Angeklagte kein Recht zur Lüge und zur Irreführung, Das Prozeßverhalten des Angeklagten als solches, es spreche für oder gegen ihn, ist für die Strafzumessung daher unwesentlich. Verwertbar sind auch hier allein zuverlässige und zur vollen gerichtlichen Überzeugung gezogene Schlüsse aus diesem Verhalten auf die Persönlichkeit, die Tat, die Schuld und die etwaige Gefährlichkeit (Rechtsfeindschaft) des Angeklagten (BGHSt. **1** 103, 105, 342, **3** 199, **5** 130, NJW **55** 1158, Celle NRpfl. **53** 230, Maurach 692, Welzel 188, Dreher-Maaßen 13, Dreher, Strafe 97, Geier LR 702, Sarstedt 187, Schönke-Schröder 74, Sachs SJZ **49** 102, Radbruch, Sauer-Festschrift 121; Eb. Schmidt, MatStrRef. I 27, Würtenberger JZ **1952** 546). Solche Schlüsse dürfen nicht voreilig und ohne Berücksichtigung der Lebenserfahrung gezogen werden, welche falsche und richtige Geständnisse und ebenso die verschiedensten Gründe des Leugnens eines nachteiligen Vorwurfs kennt. Es ist unzulässig, ein Geständnis mit Einsicht und Reue, ein Leugnen mit dessen Gegenteil gleichzusetzen. Vielmehr ist die Wurzel des Verhaltens zu erforschen und dann zu würdigen. Ob der Angeklagte dem Gericht Arbeit macht oder Mühe erspart, ist zwar nicht menschlich, jedoch rechtlich ohne Bedeutung. Daraus folgt im einzelnen:

Ein **Geständnis** (vgl. Wimmer, Gestehen und Leugnen, ZStW **50** 538, Sachs SJZ **49** 102) kann aus Wahrhaftigkeit, Reue, Schuldeinsicht, dem Willen zur Gewissensentlastung und zur Sühne erwachsen, aber auch auf Berechnung und Prozeßtaktik beruhen (Aussichtslosigkeit weiteren Leugnens, Hoffnung auf mildere Strafe, der Täter rechnet auf „Sportgeist" oder unangebrachtes Mitgefühl, er will später ein schwereres Verbrechen leugnen und als der aufrichtige Mann erscheinen). Im ersten Fall spricht es für mindere oder fehlende Gefährlichkeit (BGHSt. **1** 105) und vielleicht auch geringere Schuld, im letzten, wenn es für die Schuldbewertung nicht ganz wertlos ist, eher für größere verbrecherische Tatkraft. Mag es trotz § 136a StPO kriminalpolitisch vertretbar sein, dem geständigen Schwerverbrecher im Hinblick auf andere Verfahren in geringen Grenzen entgegenzukommen, so ist der gegenteilige Schluß für den nicht geständigen Täter jedenfalls unerlaubt. Gesteht jedoch ein Angeklagter sich mit der Tat brüstend und seine Rechtsfeindschaft hervorkehrend, so wird ein solches Geständnis regelmäßig auf höhere Schuld hindeuten (vgl. Celle HRR **1933** 1985). Oft wird das Verhalten im Vorverfahren auch für das spätere aufschlußreich sein.

Umgekehrt ist **Leugnen,** auch „hartnäckiges" Leugnen, für sich allein nicht straferhöhend, vollends nicht, wenn der Angeklagte die Anklagebehauptungen oder Rechtsfolgerungen der Anklage ehrlich bestreitet, RGSt. **38** 208, BGHSt. **1** 103, 105, 342, **3** 199, **5** 130, LM § 267 III StPO Nr. 11, Nr. 14, Hamm JMBl. NRW **55** 83: „Uneinsichtigkeit" bei Fahrlässigkeit. Schweigen und Leugnen sind nur verschiedene Seiten derselben Sache. Sie können die verschiedensten, mehr oder weniger verständlichen, jedoch jedenfalls nicht für sich allein strafbaren Gründe haben: Starrsinn, Rechtsfeindschaft, Gefährlichkeit, Ablehnung der Gemeinschaftsordnung einerseits, Angst vor der Strafe, Feigheit, Scham, Rücksicht auf nahestehende Menschen, Konfliktgebundenheit, Ungeschick, Schwachsinn anderseits. Eine Rolle spielen kann auch die Besorgnis, mit der Wahrheit keinen Glauben zu finden (Dreiser, Eine amerikanische Tragödie), die Unmöglichkeit, etwas zu eigenen Gunsten anzuführen, die Furcht, sich bei näherer Einlassung noch schwerer zu belasten. Demgemäß hat der BGH ausgesprochen, daß auch „Uneinsichtigkeit" (BGHSt. **1** 103) nur straferhöhend wirken könne, wenn das Prozeßverhalten des Angeklagten bei der Art der Tat und nach seiner Persönlichkeit auf Rechtsfeindschaft, auf Gefährlichkeit und die Gefahr künftiger Rechtsbrüche schließen läßt (BGH JR **1955** 392, ebenso BGH 3 StR 272/55 v. 7. 9. 1955 für die Anrechnung der Untersuchungshaft, Celle NRpfl. **53** 230 und die übrigen Nachweisungen zu VI b), lasse sich dieser Schluß nicht ausreichend sicher ziehen, liege kein Straferhöhungsgrund vor. — Schweigen und Leugnen, ja sogar Lügen vor Gericht beruhen nicht selten auf verwickelten, bewußten oder unbewußten Gefühlen, Meinungen und Trieben, ohne deren sichere Kenntnis dem Richter ein Schluß zu ungunsten des Angeklagten bei der Strafzumessung ebenso wie in der Schuldfrage verwehrt ist. Da der Angeklagte den Schuldbeweis vom Gericht erwarten darf, ist er nicht gehindert, sich nach seinem Ermessen zu verteidigen, BGH NJW **52** 894, ohne dafür eine Verfahrensstrafe befürchten zu müssen. Das Gesetz kennt, entgegen der beiläufigen Wendung RGSt. **38** 208, auch keine Lügenstrafe, Maurach 692. Zwar ist der sich schuldig Fühlende an sich wahrheitspflichtig, doch steht die Verletzung dieser Pflicht nicht unter Strafnachteilen, BGH NJW **52** 894 mit Anm. Cüppers. Die Strafe nur deshalb höher anzusetzen, kann der Richter mangels gesetzlicher Grundlage nicht verantworten. Wird der Beweis durch das fehlende Geständnis erschwert oder das Verfahren durch ein Rechtsmittel verlängert (HRR **25** 24), so ist auch dies für die Strafbemessung unwesentlich. Vgl. Hamm SJZ **49** 137, Verschweigen der Abnehmer des Diebesguts. — Aus diesen Gründen muß sich das Gericht, will es ein Geständnis oder Leugnen strafmäßig verwerten, im Urteil nachprüfbar über die nach seiner Meinung wesentlichen Gründe des Prozeßverhaltens äußern, BGHSt. **1** 103, 105, OGHSt. **2** 219, BGH 3 StR 272/55 v. 7. 9. 1955. — Dieselben Grundsätze gelten für eine Flucht des Angeklagten und für ungebührliches Benehmen in der Hauptverhandlung.

Anderseits kann unwürdiges, unanständiges, sogar gemeines Auftreten, die lügnerische Belastung Anderer, die Racheandrohung gegen einen Zeugen, dessen Beeinflussung (OGHSt. **2** 333) die Persönlichkeit und Schuld nachteilig kennzeichnen, BGHSt. **5** 132.

FSC
www.fsc.org
MIX
Papier | Fördert
gute Waldnutzung
FSC® C083411

Kolibri 360 GmbH
Ferdinand-Jühlke-Straße 7
99095 Erfurt, Deutschland
produktsicherheit@kolibri360.de